冯骥才＼著

# 离我太远了

文化艺术出版社
Culture and Art Publishing House

序言

# 带着笔旅行

我旅行时必带着两样东西：书与笔。

书不仅仅是旅游手册和指南，还有一些是与所去的地方相关的历史与文化的经典；比方去希腊和埃及，就带着西拉姆的《神祇·坟墓·学者》，去圣彼得堡就带着果戈理的那本《彼得堡的故事》，在旅店里倚着床板读一读流光溢彩的《涅瓦大街》。

至于笔，可不是手里的笔，而是心里的笔。作家是用文字思考生活和记录感受，这些文字常常会从心里冒出；但我的问题是，心里的未必都搬到纸上来。

或者由于忙，由于被什么忽然插进来的急事推到一边，或者由于一时的懈怠，许多旅行中十分强烈的感知被搁置了，而后渐渐失去了当初的新鲜，像烟影一样地隐没在心里。唉，没有写在纸上的东西真是太多了！

因此，我才特别珍惜本书这些“写下来”的旅行的手札。在写作中随行随记的文字是游记，这种写作总是充满了见识生活见识世界的惊奇与欢欣，发现美的快感，还是一时的灵性。然而，每当我将这些风物与人文、这些美再翻看一遍时，我发现它们离我太远了。

于是，我决定用一本书的方式，将它们收集起来装进去。为了一种惋惜一种挽留，为了可以时时重温它们，也为了与读者共享。

是为记焉。

冯骥才

2013年8月1日

# 目录

# 离我太远了·第一章

# 离我太远了，皮兰

如果世界上有一个地方从来没听人说过，去了之后却永难忘怀，这个地方就是皮兰。

对我来说，它实在太远；我在“远东”，它藏在地球西边亚得里亚海最上端那个海湾里，好像掖在欧洲的胳肢窝里。如果驱车从维也纳向南穿过山重水复的阿尔卑斯山，越过边境，路经斯洛文尼亚那个出名的小巧的首都卢布尔雅那，往西不停地开下去，再沿着亚得里亚海的海边弯弯曲曲前行，然后不知不觉驶入一条狭长的伸入大海极小的岬角上；皮兰就在这天涯海角似的地方。

这个只有四千多人的小小的中世纪的古城，密集着层层叠叠两三层的小楼，全是雪白的墙和砖红色的尖顶。如果艳阳高照，白墙更白；一场雨后，红顶瓦变为深红——再给湛蓝、深郁和辽阔的大海一衬，色彩分外独特又鲜艳。这时，偶尔飞来几只极黑的乌鸦，醒目地落在屋顶或烟突上。如此的景象，叫谁看了不醉？

皮兰就像大地鲜亮的舌尖，伸进大海，舔弄着无穷而清凉的碧涛。

走进皮兰，不像进什么名城，心理上会有意无意做点准

备。在皮兰海边散着步，边走边看海上的美景，不经意就走到它城中心的广场上。我试了一下，从海边到广场只需要二百步。广场是圆形的，广场周围的建筑排成 U 形，开口处对着大海。海鸥与海风可以更轻易地来到广场上。这就使我看到它源自一个原始码头而一直开放着的历史。

欧洲的广场无论大小，四周的建筑都是城市的门面。

远眺皮兰

皮兰的门面可没有花团锦簇般的大厦，一律是墙面斑驳甚至是破损的老楼，然而它们简朴、素雅、沉静，像中世纪的农夫农妇、工匠市民平和地站在那里；铺满广场的石板石钉早已磨得光亮，像铁的；一些长长的石条凳围着广场放了一圈，人们三三两两坐在上边消闲，一看便知是本城的百姓；两个女孩儿坐在那里逗狗，一个女孩儿的长发金得发亮；一

OBJEKT
JE POD
VIDEO
NADZOROM

一位皮兰画家为广场上小提琴家
塔替尼雕像画的速写

位老妇人抱着婴儿晒太阳，旁边坐着个老头，舒舒服服打着瞌睡；一群男子在下棋，其中一个中年男人穿着很漂亮的海员制服，帽檐却斜着。广场上小孩子们在踢球。年轻的父亲在教他的孩子学步，孩子挓着胳膊摇摇晃晃走在前边，父亲笑呵呵跟在后边，走着走着，情不自禁地和孩子走的姿态一样了。

皮兰湾很静，适合扬帆出海，这里有桅樯如林的小码头；皮兰的海水比矿泉水还干净，海边的岩石上常常会躺着一个泳装女子沐日，粗粝的石块和光嫩的皮肤强烈地对比着；海鸥们常常在急转弯时发出一声响亮的尖叫。

偶尔能看到一两个背包的旅行者站在广场中心向四边贪婪地拍照。

皮兰的地标是在城中鹤立鸡群般高高耸起的尖顶的钟楼，它叫人想到威尼斯圣马可大教堂的钟楼，只是更简约更古朴一些。皮兰历史上曾属威尼斯王国管辖。有人称它是“袖珍的威尼斯”。但它在同海的关系上与威尼斯不同：它像是站在海边的礁石上，向大海眺望；威尼斯已经光着两只脚站在海里了。

可是，它被威尼斯统治太久了，广场立着一块石头旗桩，上边刻着的年号是1466，它是威尼斯王国时代的遗物吧。在威尼斯统治漫长的五百年里，它骨子里已浸入太多意大利人的气息与气质。尤其是对历史的态度。街头巷尾处处可以看到历史的见证。一棵与一根石柱死死缠成一体的古藤，东一块西一块有刻痕的建筑残石，多半已经锈烂在土里的铁锚……没人去动它们。让它们以历史的原状存在。城中还有些中世纪的残垣断壁，更是地面上的文物。用不着标明“文保单位”，也被人们当做“沉默的老者”备受尊崇地活在人间。比如一座中世纪的修道院，早已荒芜，仅存中庭，只有一些残损的雕像或兽头放在廊子上，其他空空如也；人们把庭院打扫干净，却任由野草丛生，播放一些古典音乐——用音乐唤起的想象与情感装满它。这不是意大利人擅长做的事吗？

没有人去拙劣地添油加醋，或者去涂脂抹粉“打造”它。历史是不需要加工的。

无形的音乐是一种灵魂。古典音乐是历史的灵魂，皮兰人用它来轻轻唤醒历史。

它原本就是一块音乐的土地。早在17世纪这里诞生了作曲家和小提琴家塔替尼（1692—1770）。塔替尼那部堪称小提琴“绝品”的《魔鬼的颤音》，其指法与弓法难度之高至今无人超越；作品诡异、超凡、变幻莫测与难以捉摸。塔替尼说他这部音乐来自一次梦中魔鬼的指点，他只不过梦醒之后，把依稀记得的音乐记了下来。这并不见得是故弄玄虚，至少他本人再没有写过与此类似的作品。

皮兰人在塔替尼去世二百年时，仍然怀念他，以他为荣，便制作一尊雕像放在广场的中心。雕塑家的想法很有创意，特意将雕像做得和真人一般大小，看上去好像他们的塔替尼又回来了——拿着小提琴跳在台子上正往前走。在

一对新婚的年轻人刚从教堂走出来

宽阔的广场上，雕塑显得小，但他占满了皮兰人的心。从此皮兰人称这广场叫塔替尼广场。

真正的雕像都是为了一种精神，不是城市广告。

最深厚的皮兰还是在城中往复回绕的哥特式的老街老巷里。历史的空间向例窄仄。今天的皮兰没有为了“扩大旅游经济”而去放大街道尺度。老墙老屋老门老窗一切依旧，房中的生活设施却正在“现代化”。他们依旧在窗口伸出杆子晾晒衣服，依旧在窗框上挂满花盆，让五颜六色的花朵镶在阳光射入室内的地方；然而，钻进一些地下室地洞似的小门，里边艺术家工作室的照明、通讯与生活设施却十分现代。这些艺术品店很少出售千篇一律乏味的旅游商品，多是艺术家富于个性的创造。不论是陶瓷、玻璃制品、木石雕刻，还是铁艺、布艺与千奇百怪的艺术化的日常物品。他们尊重历史，却又不是“靠山吃山、靠水吃水”；不是一个劲儿在“非物质文化遗产”身上拼命挤奶。

这样的文化才是真正活着的。

山上教堂的钟声响后，一对新婚的男女走下来，穿着白纱裙的新娘一手拈着一朵挺大的红玫瑰，眼睛很美；新郎的脸上溢满幸福。两人穿过广场时，没人上去看热闹，只是几个本城人远远站着，笑嘻嘻看着这两位年轻的熟人。

他们手牵手穿过广场，偶尔会情不自禁停下来，亲吻一下，再走，就像他们的祖父祖母。

美好的传统就这么悠然自得地传承下来。

只可惜它离我太远了，皮兰。

# 维也纳怀旧

怀旧这个词儿可不能乱用，除非你和它有很深的交往——就像我与维也纳。

我与这座音乐之都交情匪浅，二十多年来，先后去了六次，在那里居住的时间加起来已超过半年。一次性在一个地方呆上半年，与一次次去到那里或长或短住一段时间累积成半年可不一样；惟其这样才会不断加深、才有累积、日后才有怀旧可言。

再有，如果你与一座城市交往，还不能只在酒店里住几天看个新鲜就走；你得踏踏实实住下来，买菜烧饭，到市场选些此地特有的鲜花，把房间生气盈盈布置起来。一句话，你得沉下心生活在它的怀抱里，才能嗅到它的生命的气息，与它深交。

记得上世纪80年代末，我来参加这里举办的艺术活动，那是头一次来。人住在巴登，抽空来看一看久仰的维也纳。我坐在一辆小车上，沿着环绕皇城的戒指路转一圈，可谓“跑马观花”。即便如此，也被这座名城华美的巴洛克风格，到处站在房檐和楼角上精湛的石雕，以及当年奥匈帝国留下的豪气惊呆了。记得那次连见才子型的大使杨成绪也

MQ Point

维也纳街头一景

颇有点浪漫。杨大使因事去外交部，不能在使馆见我，我又只有这一点时间，便约好在分离主义绘画博物馆旁的街角一见。我坐的车子刚到，杨大使的“快骑”已至。他从车上跳下来，脖子上飘着领带。他对我说：“维也纳这地方你要来住一阵子才行。”

这句话我记住了。每一次都住一阵子。在维也纳我住过四个地方。就像我人生住过的旧居，许多细节不但记着，还常常怀念。

比如我住在十一区那幢租自一位台湾人的公寓房里，小小阳台外竟是一片七八亩大小的森林。真想不到居民区里还藏着一小片森林。要是给我们，还不早开发成一片高楼大厦了吗？待到日暮，这黑黝黝的树林里开始散发一种凉滋滋又浓郁的木叶的气息，一直把周围所有的房舍灌满；待睡上一觉，早晨给鸟儿们唤醒时，感到肺都透明了。

我称这小小森林为“维也纳森林”。住在这房子里那些天，每到黄昏便沏杯香茶坐在阳台上享受一种神奇的感觉——在城市中间享受大自然。

这次我在旧多瑙河以东新区的住所里，日暮时还是端一杯茶坐在阳台上。这次眼前不是森林，而是整个城市的远景。其景象一样使我惊讶。这惊讶不是因为“现代化”的楼林车蚁和满城灯火，而是空气清澄得一直可以看到几十公里外卡伦堡山上的小房子。维也纳的天际线接近地平线，最远的房子看上去比小米粒还小，却在夕照中一颗颗明亮夺目。我在哪个城市还能见到如此奇观？北京不行，纽约也不行。因为，这些城市都没有维也纳人对环境的保护那么自觉。

当年酒家

我已经从心里认同了维也纳人的观念。如果车子里热了些，也不吵着开空调，而是摇下窗子，让风吹进来；我还学会了垃圾分类，学会喝自来水。维也纳所有龙头拧开，自来水都能喝，这不是被百般呵护的环境对维也纳人美好的回报吗？

我还认同他们的一种幸福观，享受生活就是享受生活的美。比如大自然的鸟语花香，各种各样的咖啡，艺术设计，特别是音乐。

我特别喜欢勃拉姆斯那句话："在维也纳散步可要留心，别踩着地上的音符。"

每次到维也纳听音乐更喜欢去城外那些"当年酒家"，那里的几家古色古香的乡村酒店的白葡萄酒是我的最爱。当葡萄的精灵在口腔里醇香散发，不知哪个角落忽然响起的音乐就像风一样吹进耳朵。美酒与音乐是所有维也纳的情人。只要音乐一起，歌声必然相应。我喜欢这种从生活里生发出的"人的音乐"。

我在维也纳的许多时光都消磨在斯蒂芬大教堂对面那些老街老巷里。至今我还依然会在这些小河一般拐来拐去、又狭又长的街巷中迷失方向。我不明白缘故，我说我至少来过几十次了，怎么还迷路？

朋友们笑道：你被街上那些老店迷住了，哪还记得路。

这些店多是古董店、书店、画廊、艺术品拍卖行。维也纳一部分历史与文化的精华在这里。从这些店我买走过奥地利和意大利石雕、彼德迈耶的油画、托尔斯泰与但丁的雕像，还有老照片等等。当情不自禁地将维也纳历史的羽毛拾起来，放在我的家里，便感觉自己和这个城市的根纠结起

圣米歇尔大教堂夜景

皇宫后门

来了。

我在这老街认识一些人。比如一位犹太古董商，瘦小，秃顶，一双亮亮的大眼睛透着精明，他已经80岁了，依旧一个人有滋有味地开店；开店于他，一半是消遣。他专营古埃及、两河流域和印度的雕塑；他挺博学，店内书架堆满图书。我每次来都会到他店里和他聊聊，时不时会聊出一点东西来。

只要到维也纳，那里的新老朋友——艺术家、大学教授、外交官、博物馆研究员、收藏家、华人餐馆的老板、医生等等，不用通知便会找上门来，看望我，帮助我；那可真有点像“出门在外，回来看看”时的感觉。

一个城市如果没有朋友，它跟你最多只是过客般的相识而已，如果有了朋友，你和这城市就有了非同一般的关系。多一位朋友，多一份精神与情感的内容；但少一位朋友，就会出现一个空白。

比如我的老朋友法格尔。我是他主持的联合国教科文国际民间艺术组织（IOV）的副主席。我们有二十年的交情。我俩志同道合，但他对民间文化比我更痴情。为了维持IOV这个纯民间的国际组织，他几乎倾家荡产，用尽所有家财。当年我住在波兰一所大学里，生活艰苦，他竟带着许多“可口可乐”跑到波兰，用那里稀缺的饮料打通关系，为我每顿饭菜添一个肉丸儿。

二十年里，我们不仅在许多国家的会议与活动中高兴地碰面，我还多次把他请到中国请到天津。我们语言不通，没有翻译时就彼此拍拍肩膀或挤挤眼，表达心中美好的感觉。

如今法格尔去了。我相信他是为心中之所爱而付出了自己。但没有法格尔的维也纳便有一个空白，一点无奈的缺失，我每到维也纳都会感到。

说一点快乐的吧。

我说过，如果我的绘画、文学和文化遗产保护的观念一样不缺地到哪里，完整的我才算到了哪里。

幸运的是，我在维也纳举办过名为“温情的迷茫”的画展，出版过小说，还在维也纳大学做过文化遗产保护的演讲；而在这里还多了一样——应他们国家艺术部之约，为维也纳城市写一本散文化的文化游记《维也纳情感》。他们希望更多中国人看这本书，而这本书中的一节《花的勇气》已成了现今中国小学语文课中的一篇了。每年成千上万的中国孩子可以读到。

我最喜欢住在维也纳时，因为有事飞到其他国家一趟，待事情结束返回维也纳的那种感受。先是下飞机，出边检，拿行李，然后是友人笑呵呵地接机，上车回到自己的住处，掏出钥匙打开门，我会说：回家了。

这当然是一种错觉，因为我的家在遥远的东方的天津。但这种错觉有时很美好，人生中不能缺少。

# 月光里的舒伯特小楼

人生有些机遇碰巧只有一次，过后一定会留在记忆里。比如这次在维也纳，驻奥大使史明德先生对我说，我国使馆在维也纳买了一处房产，是一座带花园的小楼，属于奥地利国家历史文物，就守着世界文化遗产美泉宫的东门。大使夫人、翻译家徐静华还补充一句："是两座楼，主楼和配楼。贝多芬曾在主楼里边弹过琴，配楼是舒伯特的故居之一。历史文化积淀都很深厚。"这地方已经整修好了，他们很想请我帮着看看怎样做得更精更深。大使说，贝多芬弹琴那座楼楼上有间刚刚收拾好的客房，我可以来住两天体验一下。

这邀请可胜过连续三年的山珍海味！

当我拎着手提袋来到这楼前，即刻被眼前的景象迷住了。簇密的松杉映衬着一座淡黄色古典巴洛克式建筑，沉静而端庄，乍一看与美泉宫的整体建筑风格一致，颇有些皇家气息，它不是美泉宫的一部分吗？

在历史记载中，这房子建于1793年，法国建筑师设计。它最初的主人是为奥地利哈斯堡王朝建立过功绩而被封为贵族的犹太商人卡尔·瓦茨特之子——莱蒙特·瓦茨特。莱蒙特豪爽好客，终日宾朋满座。那镌刻在二楼山墙中间黑色牌子上的古希腊文“欢迎”一词，不正是二百多年前好客的主人莱蒙特浪漫生活的写照吗？然而奢华的生活是不会被人记住的，留在历史上的是贝多芬曾在这座楼里弹琴的故事。

贝多芬留下天籁的地方一定神奇不凡。它究竟怎样神奇不凡？

徐静华引我穿入院门。阳光正把一大片树影斑驳地铺在满院的绿茵上。各色小花摆放得错落有致，显出当今主人的精心。一座半隐在远处的中国式的亭子引起我的兴趣。据说，修整院子时有人建议将亭子改造后重新涂漆。徐静华说，我们不同意做任何改动，历史的东西应该保持原状。

我自然赞同这样的历史观。

这个木结构的亭子看上去像个木笼，四四方方，亭顶没有“翼然”的飞檐，却正是那个时代（19世纪中期以前）西方人眼睛里的中国形态——古朴、纯净和敦厚。就像那时代西方瓷器以及美泉宫墙纸上的“中国形象”。

我终于站在贝多芬弹琴的圆厅里——

贝多芬站在这圆厅里是1800年。那年他30岁，刚刚写过《第一交响曲》而惊动了音乐圣城维也纳。他的精力与才华正处在人生的阳春三月。据说那天厅里摆放着两架钢琴，他和另一位出色的钢琴名家约塞夫·沃尔夫尔彼此在键盘上展示自己最新的艺术思想与非凡的灵感，进而互相命题，即兴弹奏，用惊人的才气感动与启发对方，待到两人一同进入神交与知音的境界时，便并坐琴前，四手联弹。那场面一定让在场的深谙音乐的维也纳人兴奋得发狂。

在那个没有录音录像的时代，留给我们的是无尽美妙的

贝多芬曾在这里弹琴

中国驻奥地利大使官邸

想象。

比起这座主楼，那边尖顶的配楼小一些。但楼内结构却曲折得有点神秘感。从狭小盘桓的楼梯登到尖顶里的阁楼，正是舒伯特住过的空间；历经两个世纪，旧物不存，但从留在那建筑物上简易的天窗，冬日里生火御寒的炉灶，光秃秃而厚重的木板门，以及晦暗的光线，可以想见舒伯特当年的生活。这叫我联想到在巴黎附近奥维和的那个梵高住过的小楼与小屋。舒伯特一生只活了31岁，一直住在维也纳。他自1813年离开寄宿学校，1816年专事写作，生活贫困交加中，却不断创造出《圣母颂》、《小夜曲》、《鳟鱼》等这些人间的仙乐与天音。直到1825年他的作品才得到出版，1827年成功地举办了个人音乐会，刚刚“脱贫”的舒伯特，一年之后（1828）就与世长辞了。他一生写了一千部作品。他“蜗居”在这阁楼里是在哪年？写下了哪些作品？这些都还要等待音乐史家的考证。

我真的住进这座令我感到敬畏的楼中。心里感动，入夜难眠。午夜时分干脆爬起来，走进贝多芬弹琴的那个圆厅。没去开灯，穿窗而入的月光使厅内既晦暗又明彻。我忽然想起贝多芬的《月光奏鸣曲》，开篇的琴音恰如眼前这种“银浆泻地”的感觉。那一瞬，我感到月光有一种神奇的质感，触摸一下，光滑与清凉，有如将手浸入水中；我还感到阳光属于世界，月光属于心灵。因为人只有在月光里才能回忆。我一边想着月光曲的旋律，一边在屋里轻轻走着，忽然从后窗看到月下那座银白色、美得有点孤独的舒伯特小楼，不觉想起这两位音乐巨匠的交情。

贝多芬年长舒伯特27岁，他们去世却一前一后只隔一

月光下的舒伯特小楼

舒伯特画像

年，也算同时代人吧。

贝多芬在这楼里弹琴时，舒伯特才3岁。他们没有在这房子里相遇过，却把各自的人生足迹和艺术情感留在了这里。

贝多芬对待舒伯特，很像舒曼对待勃拉姆斯——十分欣赏年轻人的才华。

贝多芬病危时，请人把舒伯特叫到病床前，对舒伯特说：“你的音乐里有神圣的光，我的灵魂属于你。”

贝多芬去世后，舒伯特高擎火炬为贝多芬送葬。一年后，他也去世了，家人遵他遗嘱，把他安葬在贝多芬的墓地旁。他们的灵魂紧紧相靠。

这时，我心中响着的月光曲，已经把那个尖顶的小楼笼罩。光影婆娑中，我已经分不出月光和月光曲了。

转天，我在楼里楼外转来转去才明白，何以有昨夜那些“时光倒流”般的感受。

因为——我陷入历史中。

经过二百多年、几易其主的老房子，原先的一切早早空空如也。历史在哪里呢？我细心留意便注意到，它圆厅独有的凸形窗玻璃得到刻意的保护，仅存的壁炉、座钟与吊灯被视为珍宝，地窖里的宗教壁画如同考古发现一般原封未动。一切修补都采用原先的形制、材质与制作方法。历史不怕缺失，就怕添加。历史的真实是用真正属于它的细节证实的，不管还剩多少。这就是历史、也是文物保护的严格

中为马克斯·魏勒夫人，左二为中国驻奥大使史明德，
右二为大使夫人、翻译家徐静华

之所在。

当然，如果为了赚游客的钱，给历史披金戴银而糟蹋了历史就另当别论了。

史明德大使说，奥地利人对历史修复十分严格。在修整这一建筑时，我们派去一支中国的精装修队伍，奥地利派了专业的古建修复技师进行指导与监督。连墙的颜色都要严格按照规定的色板调色。然而，我们修复的原则是百分之百遵照人家的标准与尺度。奥地利的文物保护局长弗里德利希·达姆博士称赞中国是“热爱和善待这座建筑的主人，他们按照古建保护要求所完成的工作，堪称楷模”。

由这句话，我延伸想到，只有我们尊重别的国家与民族的文化，才能受到别人的尊重；而我们尊重自己的文化，也会受到人家的尊重。

这也是现代文明和文明社会的准则。

# 一个画家和一个国家

如果你去过奥地利，今年再去，一定会发现它变了一个样——好像被什么魔法金灿灿包了起来。一种异常强烈又华贵的图案，镶嵌般宝石样的色块，斑斓华丽的氛围，还有那个标志性的一男一女浪漫相拥的绘画——《吻》。

这是世人皆知的奥地利分离主义绘画大师克里姆特的艺术与风格，但为什么被如此放大与张扬？

今年是克里姆特诞辰一百五十年。克里姆特是奥地利国宝级的艺术家。奥地利全国要用这一年时间纪念克里姆特，全国不少城市都忙着举办克里姆特的画展及相关活动。2012无疑是他们的克里姆特年。

然而，我发现在全球化的时代，克里姆特正在被商业利用。从街头各类商店的各种商品中，几乎全能看到克里姆特特有的色彩与符号。他的画面、图案、线条、色块被应用到T恤、丝巾、月历、餐具、花布、酒杯，甚至沙发靠垫、笔记本封面、化妆盒、项链坠、笔筒与钢笔、明信片、领带、手机套和电脑袋等一切物品上。他被几近疯狂地开发着。当艺术被如此强度地转化到应用商品上，是否会沦为浮浅，失去了崇高？

《吻》 1908年　克里姆特

懂得艺术的奥地利人会这样做吗？

我把这个问题告诉在奥的朋友，他们笑了，说我应该到太子宫、分离派会馆、克里姆特的故居去看看，尤其要去七区的利奥波德美术馆去看一看克里姆特的生平与艺术展，那样我自己会找到答案。

太子宫里珍藏着克里姆特和席勒的许多珍品，我曾去过两次，没有再去。这次去了其他几个地方，真的使我对克里姆特"现状"的担虑发生变化。

记得前三年在维也纳，曾到十三区去看克里姆特人生最后一个画室（1912—1918）。那座上下两层巴洛克式的老房子已经空无人住，由于地处一个规划的新区内而面临拆除。一些志愿者站出来坚决捍卫这个失不再来的历史空间。我当时还写过一篇文章《保卫克里姆特画室》声援这些志愿者。朋友们说我："你把文化遗产保护搞到奥地利来了。"

如今再到那里看看，正在加紧整修，看这种生机勃勃的样子，应是很快竣工了，显然克里姆特的价值被进一步认识到了。

再去畿近市中心的分离派会馆，也不同以往。这里有

分离派会馆

克里姆特绘制的壁画名作《贝多芬第九交响曲》，但展厅很高，壁画在四壁的上半部，平时即便仰头也难以看清。今年为了纪念克里姆特，由一位年轻的艺术家设计一个带阶梯的钢架，可以登上去近距离欣赏克里姆特的壁画原作，我对他沥粉后贴金箔的技艺尤感兴趣，他使用的技术竟与山西彩塑造像的“沥粉贴金”的手法全然一致。

《贝多芬第九交响曲》 1902年　克里姆特

待到去著名的利奥波德美术馆看克里姆特的生平与艺术展，所获更是非同寻常。首先是策展人的思想高度及布展的方式，令我钦佩。他将克里姆特绘画作品与人生文献对照展出，也就是将艺术家的“文本”与“人本”合为一个整体摆在观众面前。展览中没有任何结论式的文字，结论由你自己得出。

克里姆特是一百多年来一直备受争议的人物，至今也没停止。他在欧洲画坛一登场就遭人非议。他的绘画从主题到内容针锋相对地颠覆着文艺复兴以来占据统治地位的古典主义美学。他拒绝与美术学院合作，旗帜鲜明与传统决裂般地“分离”，挑战当时的法律与秩序，甚至否定科学；从而把千姿万态为所欲为的人性形象挥洒在画布上，并推向极端；他那些挑逗的放纵的欲望的裸体，充满诱惑又无所顾忌地涌入这个欧洲古国的视觉里。

同时，他不安分地把羽毛、玻璃、金箔银箔置入画中，与那些从埃及、印度和中国装饰性艺术中汲取的文化元素奇妙地融合起来，形成他特有的华贵又斑斓的风格。传统的精英绘画是贬斥民间手艺的，但他却凭着自己非凡的才华，让它们在高贵的艺术殿堂里站住了。

展览中关于他父亲是银匠、兄弟是装饰工艺师的鲜活的资料，使我寻找到他采用沥粉、贴金、镶嵌等工艺手法的由来。自小家庭对他的影响与熏陶不仅是一种技艺，更是审美的习惯。

我特别欣赏策展人将克里姆特的生活照片——特别是那么多给他的情人艾米丽的明信片放在展柜中。二十年中，他狂恋着模特艾米丽，却一直没有结婚。艾米丽还是服装设计师，克里姆特穿着她设计的袍子，她的情爱给克里姆特以不间断的灵感与激情。克里姆特过分依赖着她，见不到她时会一天给她写几张明信片。浪漫又放纵的生活使他遭受种种非难，但这正是他颠覆传统的缘自个人的生命性的根由。

尽管克里姆特直到今天仍不是一个完人。但时过百年，人们已经能够客观地看待他在艺术史上变革的价值与开创的意义。

奥地利能够最终接受他的另一个原因，一是这个音乐之国人文的本身就是浪漫的，尽管克里姆特的浪漫走向极端；二是这个国家的艺术与生活很近，他们崇尚生活中的艺术，而不是让艺术高高在上，虚无缥缈。无论是施特劳斯的华尔兹和舒伯特的歌曲，还是充满装饰色彩、到处可以应用的克里姆特和白水的绘画。奥匈帝国哈布斯堡皇家生活气息至今令他们自豪与陶醉，巴洛克艺术的豪华的装饰美在他们的城市历史中无所不在；艺术的抒情性、甜美性与享受性在奥地利最容易找到知己。无怪乎，在全球市场化的今天，克里姆特充满卖点，无论是内含的性爱还是艺术的装饰性。市场向来都是冲击道德底线的。性是当今商业市场的卖点之一。

然而，奥地利人知道克里姆特更高的意义并不是在市场而是在美术馆和博物馆里。

当市场千方百计在克里姆特身上寻找商机时，文化人要做的事是把伟大艺术放在人们精神的天堂，而不是相反。

# 对一位背对市场艺术家的精神探访

我一直为“面对艺术背对市场”的主张寻找一位纯粹的奉行者，后来在奥地利的画坛找到了，他便是抽象主义绘画大师马克斯·魏勒。但找到他时，他已经死去。为此，我与他夫人伊雯·魏勒做过两次长谈，通过画家平生真正的知音——魏勒夫人的口述，记述了这位把整个生命融在调色板上而不去旁顾市场一眼的艺术家的人生故事。然而，我还是心怀遗憾。因为这个人究竟已经不在世上。我理想的人总不能都在天堂。

但这一次却补偿了我。魏勒夫人请我去看刚刚开幕的“马克斯·魏勒绘画展”，展览在大名鼎鼎的维也纳现代艺术博物馆。据说这个展览分阶段地展示马克斯·魏勒全部的艺术历程。对于一位真正的艺术家来说，作品就是他本人，或者更能见证他精神的求索。因此，我把观看他此次画展作为对他的一种精神的探访——这便使我结束了对赫尔辛基访问的转天就搭飞机急匆匆赶往维也纳。

使我意外感兴趣的是魏勒夫人邀请这个画展的策展人、原现代艺术博物馆馆长柯普先生陪同我观看展览。我知道，柯普是一位颇具思想力度的艺术批评家。我读过2005年他为在中国北京等地举办“奥地利新抽象绘画展”而出版的画集写的前言。那篇文章几乎是他铁杆地支持抽象绘画的一纸宣言。他的脑袋里条理清晰地装着完整的欧洲抽象画史。和他一起看画展，一定会使我另有收获。

柯普先生在介绍举办这次画展的初衷时，一开口就像抽象画家的律师，他强调上个世纪以来，随着传统的具象绘画的两大功能——记录与阐释已被现代科技包括照相术与媒体传播所替代，画家不可避免要重新确认绘画的本质，也必然会在传统的具象之外去寻找新的空间；于是，应运而生的抽象艺术使绘画“死而复生”并充满潜能。马克斯·魏勒正是身处在这个时代绘画何去何从之中的人物。在柯普看来，魏勒要不在具象中默默死去，要不在抽象中获得新生；这个展览正是想叫人们去看魏勒究竟怎样在抽象艺术中创造出自己来的。

## 一

策展这个概念必须认真说一说。

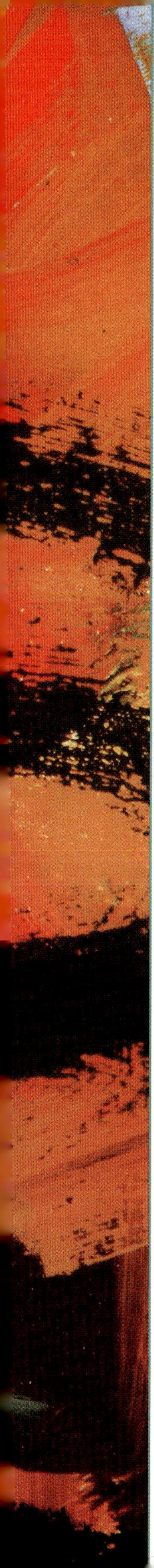

由作品研究获得发现性的成果，再将这有认识价值的研究结果还原到作品中，以展览的方式体现出来，这是当代西方艺术博物馆普遍使用的策展方法。

记得曾在慕尼黑的美术馆看过一次关于康定斯基的展览。分了三部分。第一部分是康定斯基出现前的欧洲绘画，第二部分是康定斯基及同时代画家（这中间包括克利和蒙德里安等）的作品，第三部分是康定斯基之后的欧洲绘画。这一展览十分鲜明地凸显出康定斯基给欧洲绘画带来什么及其在绘画史上划时代的意义。

这样办展览才是“策展”。“策展”需要思想与艺术的创见，而非低水平的作品陈列。严格地说，我们的美术馆和博物馆还缺乏这种策展人来策展。

此次马克斯·魏勒绘画展的策展同样清晰地体现这样一种深度的意图。它在魏勒各个时期绘画中挑选最具思考与探索意义的作品，有序地展开，使人一目了然地走进他

←KAM（局部） 1961年　马克斯·魏勒

一生曲曲折折却锲而不舍的艺术探求的主线，清楚看到他怎样从一种写实和具象的绘画，经过苦苦的自我磨砺，最终成为一位充满个人魅力的欧洲抽象艺术大师。

柯普先生用“压力”这个词汇，表述魏勒的绘画最初抛开具象而走向抽象的缘由。我问他：你认为，是为崛起于当时欧洲画坛的抽象主义崭新的潮流所迫，还是追求一种艺术时尚，抑或另有原因？柯普说，当时人们并不知道新兴的抽象绘画究竟落到什么结果；比如法国，上世纪前半叶相当一段时间还不被人们认可。但那时西方许多画家都在寻找一种全新的、甚至是国际化的艺术语言。这当然与“二战”之后正在迅速重构并充满社会活力的整个西方世界密切相关。而对于奥地利来说，在分离主义绘画以及克里姆特和席勒之后，画坛沉默着，似乎期待着一些新的夺目的面孔和响亮人物的出现。当然，魏勒不曾想过去担此大任。但是他从忽然来到眼前的抽象绘画中感觉到有一个巨大的空间可以走进去。

然而，新生的抽象绘画是困惑、艰难甚至孤单的。这因为审美习惯是人身上一种相当固执的存在。何况人的视觉认识原本就来自具象，绘画又是最根本的视觉艺术。可以说，人类的绘画一开始就是具象的，几千年没有变过；一直到“疯狂的变形”的毕加索也没离开具象的原点。

更难改变的在画家本人身上。特别是对于那一代由具象转向抽象的画家来说，具象并不是艺术方式，而是一种本能；具象的画家连想象与灵感都是具象的。这也是那一代画家很难从具象蜕变出来而走向抽象的根由。从展厅中魏勒40年代至60年代的作品中，可以看到画家尚未突出樊篱时的烦恼、焦灼、横冲直撞与各种不成功的试验。这使我想到晚年的吴冠中，他一直被亦成亦败亦苦亦乐伴随着。然而，划时代的大师正是在这充满压抑的黑暗里带着一片光明走出来。展厅中一件名为《别样风情·锈红山之初稿1962/1963》的特殊的“作品”颇引起我的兴趣。它是新近被研究者发现的。这件“作品”实际是一块溅染了彩墨的小纸片，只有7.3×15.5公分大小，但上边奇异的图像却给魏勒以灵感。在这纸片上，可以清楚看到，魏勒用铅笔画了一个长方形的框线，圈出一块更小局部，一下子把纸片上那种奇异的感觉更加突出出来；而在这《别样风情·锈红山之初稿1962/1963》旁还有一幅很大的作品《别样风情·锈红山1963》(96×195cm)，其画面恰恰是《别样风情·锈红山之初稿1962/1963》中框线内图像的放大和复制。复制得虽然很准确，很像，却不如其所愿，它拘谨又呆板，远不如那块小纸片上的图像自然而灵动。他竟然这样画过他的抽象画吗？这使我从中看到魏勒的抽象绘画曾经陷入过山穷水尽与步履的艰辛。

然而，真正的艺术家都是在漆黑一团的夜空深处发现明星；在那种无休止的不间断的自我折磨中，迟早一天会奇迹般地立地千尺。

70年代后，魏勒的作品如顶着白雪的山峰，从迷雾的纠缠中显露它的峻拔。魏勒渐渐找到自己的世界。特别是那些大幅乃至巨幅的作品，已使我们感受到他的充分、从容和自由的自我。当然，他仍没有放弃新的探索与新的可能，因为在他这一阶段作品中间，依然夹杂着种种试验与失败。对于一个伟大艺术家来说，失败是终生的伴侣，成功是偶然邂逅的情人。魏勒一生画了七千幅作品，从来没有过重复之作。这表明他的探索性，也证明他没有为市场打工。柯普对我说："他只把自己想到的东西呈现在画布上。画完就放在一边。他不卖画，甚至很少参加展览。"

这不正是我所寻找的真正"面对艺术背对市场"的艺术家吗？

## 二

我通过一起观看画展的德文极精的翻译家徐静华女士对魏勒夫人再次敬意。

我深知伊雯·魏勒在魏勒艺术事业上的作用与意义。

她比魏勒年轻35岁。早在上世纪60年代第一次接触魏勒的抽象绘画时就被倾倒。她知道魏勒性格孤僻沉默，郁郁寡欢，几乎与世隔绝，终日"生活在自己的眼睛里"。他不善交际，仅有两个好友后来都相继死去。他从不与画

魏勒夫人送我的一幅马克斯·魏勒小品《山水2195号》

商打交道，人们对他的画认识自然十分有限。她认为应该有人帮助魏勒，让世人认识他，也就必须通过画展与市场这两个公共的渠道与平台推介他的作品，她自愿承担这个使命。从那时起直到后来与魏勒结为夫妻，他们的方式相当美妙：一个用整个生命去创造艺术，一个以全部精力将这非凡的艺术推到世人眼前。

魏勒夫人不反对说她是他的“经纪人”，但她反问经纪人只是为了给画家卖画吗？她说她刚刚认识魏勒时，人们并不了解魏勒，魏勒的画价钱十分有限，但他的画却是绝对一流的。经纪人也是有社会责任的——向社会推介好的艺术。

如今魏勒是奥地利最受敬重的艺术家，市场价格极其昂贵。这就有人会疑惑，这位年轻的懂艺术的夫人是否更想为自己的未来创造财富？

难道世界上所有动机都来自利益？是不是我们的世界观出了问题？

魏勒已去世十年。魏勒夫人依然孜孜不倦以各种方式帮助人们理解魏勒。两年前我在维也纳见到魏勒夫人，她说她打算举办一个别出心裁的魏勒画展，在每一幅魏勒的作品前，摆一件中国的山石小品。她说奥地利有一位藏家收藏了一些极精美的中国古代山石小品。她想把魏勒的画与中国的山石配起来，让人们从展览中找到魏勒的抽象画与中国古代山水画的关系，因为艺术圈内的人都知道魏勒的抽象语言曾经得到过中国山水画——特别是宋代山水的神示。

此次一谈方知，那个别具深意的展览已经在维也纳成功举办过了。现在看到的展览却是为了促使人们进入魏勒世界而设计的另一个入口。

魏勒夫人曾对我说，魏勒每一幅画都在寻找一种新的可能性，都有意想不到的东西出现，而且都很完整。魏勒脑袋里的想法无穷无尽。在她看来，她要为魏勒做的事远没结束。

记得，她曾送我一套海顿作品集。一盒八张，盒子有些旧。她说魏勒最喜欢海顿，在魏勒的葬礼上就放着海顿的音乐，她说“非常的美”。我回来听，是美。但一定不是她感觉的美。那种美是她与魏勒之间特有的气息，是属于艺术与精神的，与市场无关。

## 三

在展厅中，我与柯普先生交谈的一个话题是魏勒在中国宋代山水画中究竟得到了什么。

宋代山水是具象的，魏勒的绘画是抽象的。抽象怎么汲取具象。依我看，他是把具象的中国宋代山水抽象了，或者说用抽象的思维把宋代山水抽象化，然后升华出他心领神会到的精神元素。是哪些元素呢？出生在奥地利蒂洛尔州的魏勒，连骨子里都浸透着阿尔卑斯山起伏纵横时散发出来的情感与气质。他这种近乎天性的气质与中国山水画成熟期（两宋）那些大师巨匠笔下的高山深谷、重峦叠嶂、树海林莽、云雾烟岚一拍即合。他从宋代山水感悟到的是一种大气、灵动和对大自然的欣赏与敬畏。在他尚未脱开具象绘画的早期，其作品（《风景如画》1962）甚至还可以清楚地看到对中国山水模写的痕迹，及至80年代其画作（《倾盆暴雨》1980）已经找不到中国山水的任何踪影，他所吸收的全化为自己那种清灵又恣意的生命。

我对柯普说，中国山水画可以大致分为两个时期。一是两宋的写实，一是宋代之后的文人写意。其实两宋山水的写实也不同于西方风景的写实，中国的山水画从来都是主观的和理想主义的。在造型上，还有介乎具象与抽象之间的意象。这也是中国画特有的形象观。我认为，它正是抽象画家魏勒能够与之"交接"的缘故之一。能从魏勒的作品看到一些意象的东西吗？如果宋代山水画像英国水彩风景那样写实，恐怕魏勒就会与之毫不相关了。

反过来说，中国当代的抽象画完全有自己的一条道可走。但可惜现在已经陷入一条按照西方的文化观念处理西方感兴趣的中国社会题材的死胡同里了。

柯普说，更重要的是市场的诱惑，他认识一些中国当代艺术家，很有才气，但这两年在北京见到他们，开着好车，抽着名牌雪茄；他们的画在市场卖得很贵，但他们不再往前走，不再探索。他们已经不断重复自己了。

话题又回到魏勒身上。

记得我曾问过魏勒夫人。魏勒的画是较晚才走红于市场的。是不是迟一些了。如果早一些进入市场，会不会对他在各方面都更有帮助。

魏勒夫人摇摇头说，一个画家如果太早进入市场，画卖得好，他就会不断重复自己，不会全心地去思考了。

这恐怕是当代中国绘画必须面对的问题。我们不是很久没有振聋发聩的画作或那种令人觉得天地一新的人物出现了？但一边却是疯狂增长的天价书画频频冲入我们的耳鼓。一位画家朋友美滋滋对我说，我的画价又涨了，我笑着反问他，你的画有什么改变。如果画没变化，价钱高低与艺术何干？

但我们的画坛正在千军万马地陷入市场。

画坛是要纯洁地独立在市场之外的。市场一旦进入画坛，就一定改变画家的价值观，进而消解了艺术的原动力，甚至世俗了艺术的本身。艺术家当然不是拒绝市场，但真正的艺术家是不会为市场作画的。他高贵的心灵应永远生活在艺术的天国里。

# 别急，哈尔施塔特

不久前，一到维也纳就被那里的朋友问道：是你们要在南方原样复制我们的世界文化遗产哈尔施塔特吗？

我听了一怔。此次到奥地利之前，人在芬兰讲学，全然不知此事。然而这些年在国内，对奇闻怪事已是见多识广，各种非文化或反文化的“文化创意”不断“惊爆”出来。其实，惊爆是一种市场手段。一爆惊人，把人抓住，商机也就有了。对于这种一时摸不着头脑的事，只能笑笑，说一句“你是从哪儿听来的，讹传吧”。想搪塞过去。

不料人家抓着不放，说是这里的电视台正式播报的，还有各种人物出来加以评点。有的说，“中国这么大的文化古国有多少好东西，为什么还要复制我们的？”、“如果他们复制我们的哈尔施塔特，我们就在阿尔卑斯山里复制一个长城”、“世界文化遗产能复制吗？”等等；还有一个哈尔施塔特的居民说，“我家的店铺是祖祖辈辈用心设计出来的，他们有权利复制去吗？”

我更有兴趣的问题则是：文化遗产能否复制？于是我拉着朋友往位于特劳思湖边的被称作“世界上最美的湖畔小镇”的哈尔施塔特跑一趟，看个究竟。

小广场

这地方的确很美。波浪般起伏不已的阿尔卑斯山，在奥地利中部创造出一片山重水复、如诗如画的风景。七十多个大大小小的湖泊，明镜般静静地卧在山野深处，奥地利人称这片天赐的风景为“湖区”。前些年我应萨尔茨堡之邀，为他们写一本书，曾到湖区来过一次。那次的印象湖区就是一个童话世界。铺满绿茵的山峦，透明的溪流，五彩缤纷的花谷，随处或立或卧的肥硕的牛，还有山民特有的两层坡顶的木房子，楼上楼下挂满鲜花……然而给我印象最深的还是这里的山民对我说的一句话：我们最爱的是大自然，然后才是上帝。

为此，他们身居其中的山水树木全是原生甚至是原始的，又是被精心护理着的。你找不到一点荒芜的迹象，却也没有刻意的人为的痕迹。他们崇尚大自然原本的生命形态。更神奇的是，这些湖里的水是可以饮用的。经过至少数十年的努力，他们围着所有湖边都建立一套高标准的净水系统。不能饮用的水决不放在湖中——这些我们能复制吗？

进一步说，这里的人们几乎都是唯美的。所有房屋院墙、门洞、阳台、窗台，都被房主用自己喜爱的鲜花艳丽五彩地装饰起来。它们像是被精心打扮的女人。世上的女人都是最会打扮自己的。可能她们会嫌某个楼角缺点什么，有点寂寞，就会把一盆垂着小紫花的绿藤柔情脉脉地吊在那里；可能她们觉得院内小径上的落花太美了，不忍扫去，便让一把竹帚闲倚墙边，任由地上落红一片。对于哈尔施塔特来说，小镇的美不是用行政和资本“打造”出来的，而是这里百姓一种唯美的生命气质自由自在的散发——人们唯美的天性也能复制吗？

扫不尽的落花

哈尔施塔特很小。总共才有八百多人。由于地少，道路狭窄，房子不多；一代代人故去，无地可葬，只埋十年，便将尸骨挖出来，在头盖骨上画上花儿，写上逝去的年代，放在教堂一个石室中，渐渐形成了一个天下罕见的风俗奇观。镇里的房屋全是依山而筑，高低错落，而且一楼一式，彼此不同，其形态、材质、色彩，全都听凭房主的性情。有的房子看似简单，甚至没什么装饰性的细节，却恰恰彰显主人所追求的一种简朴与单纯。相互迥异，更显丰盈，这正是这个小镇特有的生活情致——这情致这习俗又怎样复制？

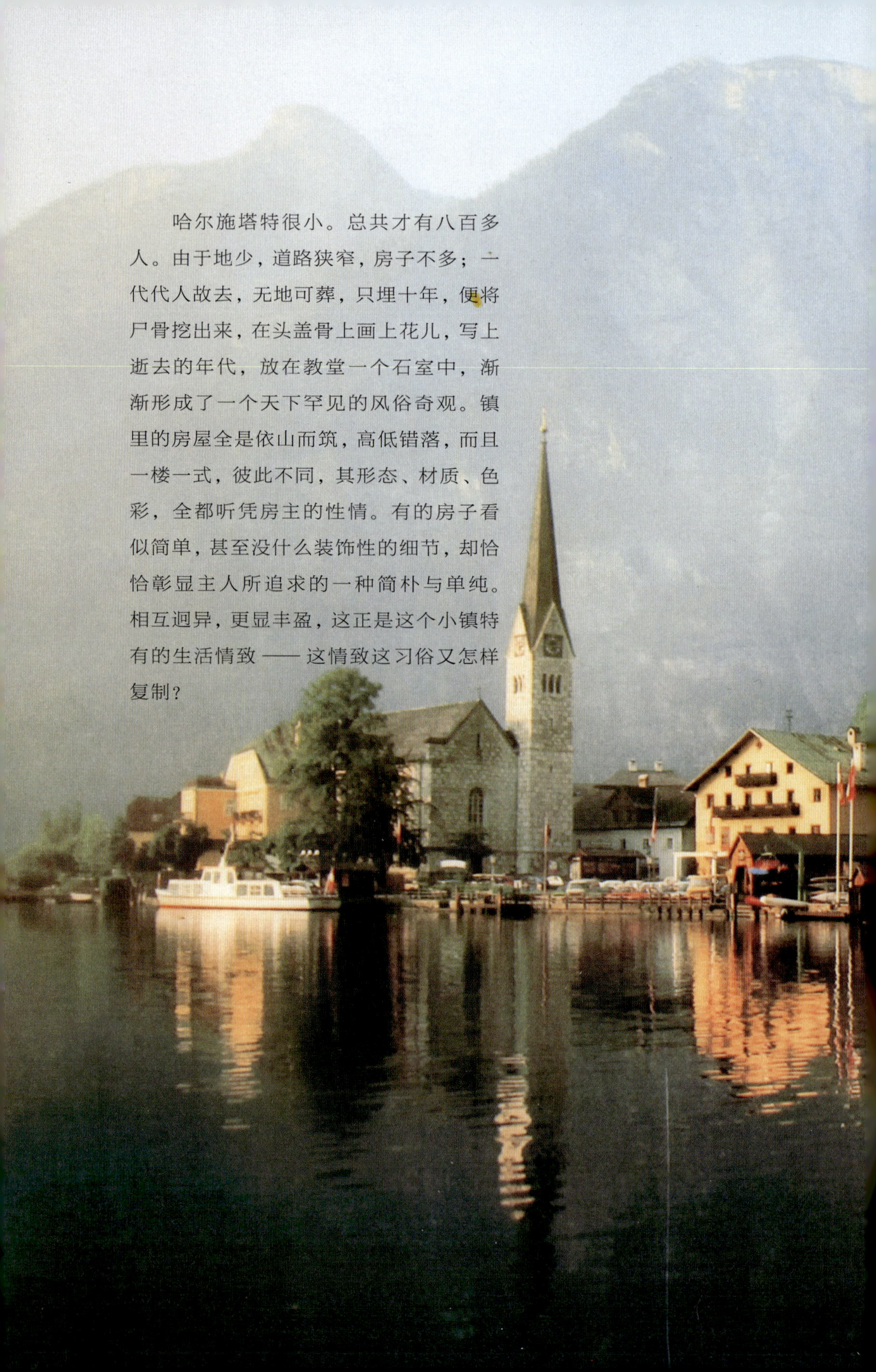

哈尔施塔特日出时的景象

可是没有上述独特的习俗和唯美的情怀，还有哈尔施塔特吗？

哈尔施塔特这个词汇与“铁器”相关。欧洲第一个铁器时代就以哈尔施塔特命名。它对欧洲文明划时代的进步具有标志意义。恐怕这正是它被确定为世界文化遗产的深在的缘故之一。当然，比“铁器时代”更早的历史还有凯尔特人留在这里的墓穴。早期人类在这里活动，都与这座小镇储藏极富的山盐有关。

数千年的历史使哈尔施塔特成为欧洲最古老的小镇之一，也颇使镇上的人引为自豪。他们把不少珍贵的历史的遗存都精心地放进镇中心一座设施现代的博物馆中。这博物馆叫做“时光回忆”。

这些，尤其是历史——就更没法复制了。

为此，铁器和盐一直是小镇人们传统手工艺品的本土资源。

镇内小街上最引人注目的小店，大都琳琅满目摆着此地艺人用铁材料制作的艺术性很强的生活用品或装饰性的小摆件，其题材多是终日环绕身边的小鸟小兔小鸡小狗，稚趣动人，撩人喜爱，而且充满质朴的地域趣味；还有一种此地土法烧制的彩色玻璃瓶，里边装着当地精制的细盐；这已是镇上最具标志性的旅游纪念品了。盐白似雪，瓶子光而不平，却五光十色，别具风味——这些乡土的味道谁能复制？可是没这味道还叫哈尔施塔特吗？

再有，在镇内街上偶尔还会碰上一两个身穿民族服装的当地人。阿尔卑斯山的山民，女人穿束腰长裙，男子穿鹿皮短裤，与这里的山水有种谐调的美。但他们不像中国的旅游景点，民族服装多成了吸引游人的一种道具。这里的百姓只有逢到节日或贵客光临，才穿上民族服装，如同穿上礼服，以表示对客人的尊重。故而，一碰见这样的人，本地的色彩就活了起来。但这也不能复制。虽然服装可以照样做几件，人却无法复制，总不能叫咱的“老张小李”怪模怪样地穿上这种洋民服，在仿造的哈尔施塔特的街上逛来逛去吧。

既然古镇的精神、气质、历史、风俗、生活气息、审美情趣，是一种生命，都无法复制，看来能复制的只有那些冷冰冰的建筑空壳了。然而建筑上的历史感——历史感也是生命感，也还是不能复制。那么，哈尔施塔特还担心什么呢？

在我刚刚驱车到哈尔施塔特时，在镇口的湖边草地上，遇到该镇的镇长舒尔茨。那里正在举行此地一条洲际公路的百年纪念活动。我的朋友把我介绍给他，我便把带在身上的我写的《萨尔茨堡手记》送给他。他很高兴，请我在书上签名，很客气，但我分明觉得这只是一种礼节性却保持距离的客气。

我心里明白，当时为了中国人要复制他们的古镇正议论纷纷，显然他不明白我的来意。

待我走出哈尔施塔特，到了村口，我很想再碰到舒尔茨，但那里的活动已经结束，人已不见。我真想告诉他：你可别叫“复制”这个词儿闹昏了，这些年中国不少地方都在仿古、重建、复制，什么唐代宫殿呵、明代城墙呵、清代大街呵，甚至还要复制和重建圆明园，而做这种事时，谁也不会对文化认真。我们自己的古镇还说拆就拆呢，谁会拿你们的古镇当回事。我想说，别急，哈尔施塔特，这不过是一场商业的游戏罢了。

萨尔茨堡湖区如人间仙境

# 离我太远了·第二章

# 三千道瀑布

记得1999年前，和王蒙、安忆、子建、刘恒等文友在奥斯陆与挪威作家围桌交谈文学，会后承蒙主人盛情去游览该国的西部名城卑尔根。卑尔根与奥斯陆两城在挪威的版图上一西一东，交通的方式可以航飞也可以车行。但车行必需横穿挪威还要翻越盘桓和高耸在北欧大地上的斯堪的纳维亚山脉，谁知这种选择却叫我们领略到这个国家山水的雄奇、纯净和原始。

很少国家像挪威被粗壮而簇密的森林所覆盖。古老的森林随处可见。伐木往往是为了不叫森林生长得过密窒息而死，这不是最理想和良性的生态吗？就是这种一望无际、排山倒海般的森林把甲壳虫乐队的歌手、接着又把村上春树征服了，这位日本作家才用《挪威的森林》作为自己颇具魅力的书名。那天，我们乘坐的大巴车一路很少关窗，为了享受在山间穿行时森林里冒出来的极充沛的又凉又湿又清澈的氧气。我们称大巴是“活动氧吧”。我还感觉我的肺叶大敞四开，所有肺细胞都像玻璃珠儿一样鼓胀而透明。

然而更叫我震撼的是山间的瀑布。我从来没有见过其他地方有如此丰沛的泉水。车子走着走着，便可听到前边什么地方泉声咆哮，跟着窗外一条雪白的飞泉好像要冲到车子上来。车子在山中跑了两天，轮胎给泉水冲洗得仍然像新换上去的。一天夜里住店歇脚，听到不远地方泉水轰鸣，好像飞机起飞那种声音。怎样的瀑布能发出如此巨响，我们被诱惑起来，出了旅店，摸黑去瞧那个呼吼不已的山间“巨兽”，没想到它竟在几里外的地方。待走到跟前，尽管夜很黑，却隐约地看到它巨大的狂滚的有些狰狞的形态。尽管它喷出来的细密的水雾很快湿了我们的衣服，大家激动得又叫又喊，但在瀑布声中谁也听不到别人喊什么，只能看到彼此兴奋而发光的眼睛。子建的目光尖而亮，刘恒的目光圆而明，像灯。

到了卑尔根，我对挪威朋友说，你们的瀑布太棒了。挪威朋友说，那你应该从这里再进一趟峡湾，挪威最应该去的地方是峡湾。我知道挪威西部海岸，陆海交叉，蔚为奇观，大海伸进陆地最长的峡湾是挪威桑格纳峡湾，长达二百余公里，深至一千三百米！冷战时期苏军的一

三千道瀑布

条潜艇曾误入峡湾，使挪威误以为要爆发战争，吓了一跳。

这一次我又来到奥斯陆，决心要去一趟峡湾。我知道挪威人的一个逻辑：如果没去过峡湾就等于没来过挪威。我选择的路仍是从奥斯陆出发驱车前往西部沿海，想再感受一下挪威的山水。然而不同的是，那一次是在夏末，这一次是深秋。季节改观天地。车子不再像上次那样在流水般浓绿的山林中穿行，而是徜徉于金子般炫目的秋色中。漫山黄叶中，偶尔还会有夹着几棵赤朱斑斓，好似开满花朵；或是一株通红通红，好似高擎着火炬一般。溢满车厢里的也全是给太阳晒暖的秋叶的气息了。想想看，从这样金色的山林进入蓝色的峡湾是怎样的优美？

可是，受着大西洋暖流影响的峡湾的气候是莫测的。待到了著名的佛拉姆码头天正下雨，入住旅店后又听了一夜的雨，清晨拉开窗帘依旧是漫天阴云，雨反而更紧一些。我从来不抱怨天气。可是总不能再等一天，冒雨也要进峡湾看看。这样，乘着油轮驶入一片高山深谷中，当想到船驶在海水而非江水上时，感觉确实有些奇异。

浓烟一般的雨雾遮住山色、水光和远处的景物。但是我相信，当老天拿走你一样东西的同时，一定还会给你另一样东西，就看你是否发现？于是我看见了——瀑布！

一条雪白的瀑布远远地挂在高山黝黑的石壁上，直泻而下，中间受阻，腾起烟雾，折返三次，遂落入湾中。由于远，听不见水声，却看得出它奔泻下来时的冲动与急切。

不等我细细观看，船已驶过，然而又一道瀑布出现了。峡湾里有这样多的瀑布吗？是的，随着船的行进与深入，一道接着一道瀑布层出不穷地出现在眼前，而且千姿万态。

有的飞流直下，一线如注；有的宛如万串珍珠，喷洒似雨；有的银龙般狂奔激涌，由天而降；有的烟一般地纠缠在峭壁上，边落边飞。途经一处，两边危崖陡壁挂满大大小小瀑布，竟有五六十道，我没有见过如此众多、各不相同的瀑布同时展现，简直是瀑布的博览会！而每一道瀑布的出现都给人们带来一种惊喜，大家举着相机争着给瀑布拍照。这瀑布是峡湾的第一奇观吗？船员却说，并不是天天都能看到如此众多的瀑布，正是由于一天一夜的雨，使大量的瀑布出现了！

你说阴雨是给我败兴还是助兴？

我庆幸自己的幸运，但还是难以明白一场雨怎能生出如此壮美的瀑布奇观？

由于我们事先选择另一条路返回奥斯陆，这条路必需翻越一座两千米高的山顶，这便有幸找到了瀑布奇观的答案。

当我们的车子爬到极顶，景象变得奇异甚至有些恐怖。一堆堆殷红的石头，刺目的白雪，枯死而发黑的苔藓，不仅无人，鸟也没有，任何活的生命都看不到，古怪、原始、死寂，好像来到月球上。车子开了很长一阵子，居然没见到别的车开过，担负驾车的伙伴小俞说：“如果这时车子熄了火，咱们可就完了。”这话增加了心里的恐惧感。

我忽然发现这山顶道路的两边插着很多很长的木杆，排得很密，杆子约四米，在离地三米高的地方画着黑色或红色的标记。据说这是到了冬天山上积雪看不见道路时，为行车的人设置的路标，这么说山顶上积雪竟可以达到三米厚吗？春天积雪融化后跑到哪儿去了？当车子开进山顶腹地，出现了许多巨大的湖，一个连着一个，湖的彼岸常常很远，甚至有水天相接之感。融雪的水纯净而湛蓝，在阳光下静静地闪着光亮。难道它们就是山下那上千条瀑布之源吗？当然是，它们就是峡湾里那些瀑布不竭的源泉。我被挪威大地自然资源的雄厚惊呆了。他们不会在这些地方拦水为坝建发电站，而不管峡湾里的什么奇观不奇观吧。我想到，昨天在长长的峡湾里，我没有见到过一座临美景而开发建造的别墅。如果这峡湾在我们的经济发达的东南沿海会是怎样的遭遇呢。还不成了“商业一条湾”？我反省着我们自己。

回到奥斯陆后我把此行之所见告诉一位久居这座城市的朋友。我说：“我估算了一下，二百里的峡湾里的瀑布至

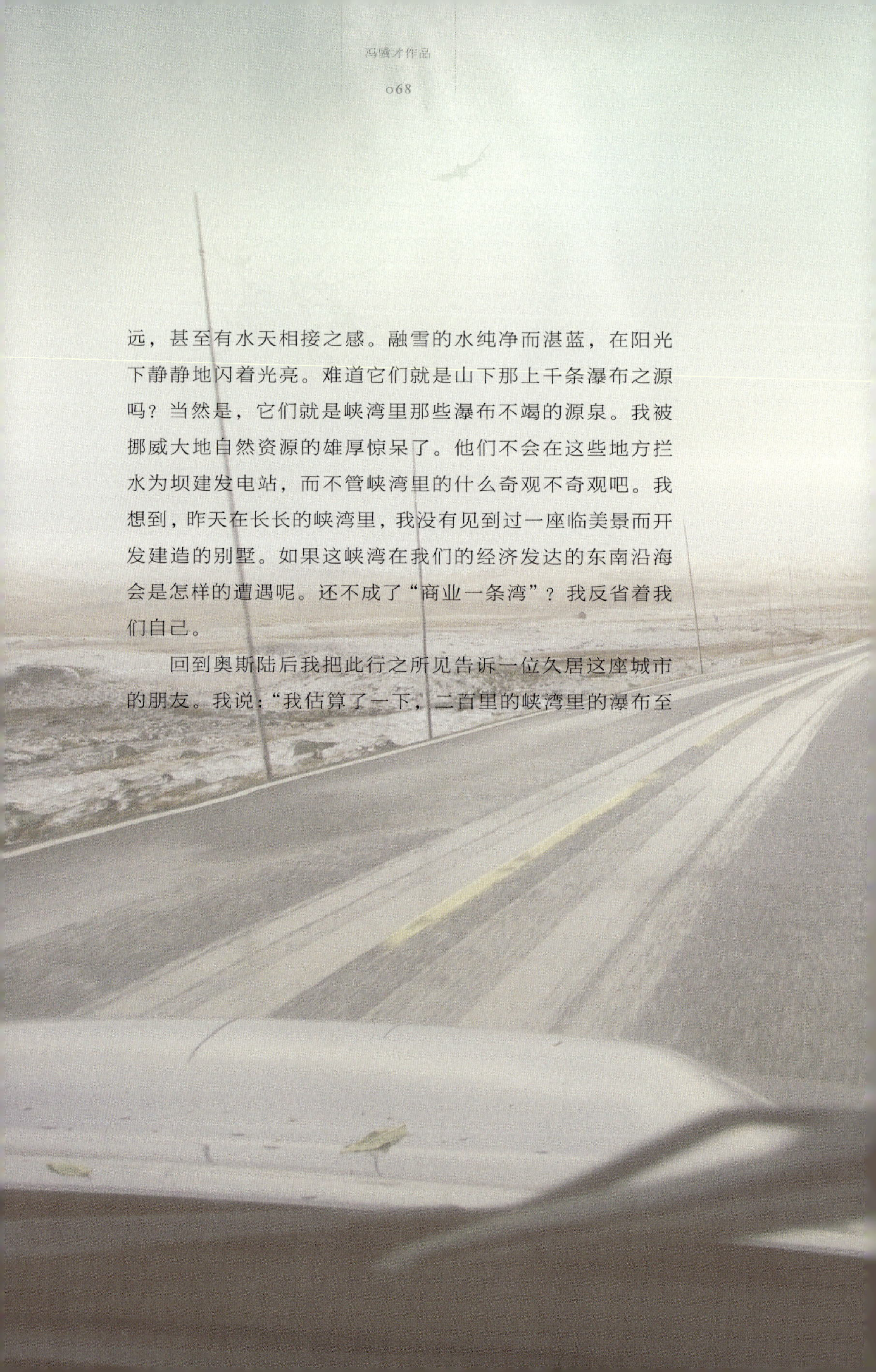

少有一千道。”朋友笑道：“峡湾里的瀑布无法数字化的。你有没有留心山壁处处都是泉水流过的痕迹？如果你那天雨水再大些，那些地方也是瀑布。瀑布还要多上两倍呢，至少三千道。”他不等我说话，接着说，“别忘了，你去的只是桑格纳峡湾。挪威西北部海边可是布满峡湾呀。”

现在一想到挪威，第一个冒出来的形象就是由天而降的雪白的瀑布。

山顶上的积雪

# 从简朴到简约

在北欧，尤其是奥斯陆的大街上，你会感到城市一种非常舒服的整体性。它没有历史与现代的断裂与分离，而是和谐地浑然一体。这不仅是建筑外部，连建筑内部乃至家具风格也是一样。你在他们的博物馆里看到那种传统生活中纯朴的直线、那种很少人文雕琢的简洁、那种木头柔韧的材质与本色的生态美，也鲜明地在他们现代的生活中被使用着、表现着、享受着。

今天的他们依旧喜欢用新鲜的原木把屋顶装饰得像昔时的农舍，喜欢木头立柱，喜欢没有花纹雕饰的桌椅，喜欢用光洁的木板组合起来的衣柜与书架；但这不是不动脑子地去模仿传统。而是加进去一种后工业时代崇尚的简约美与现代科技能力包括精细的切割与抛光的技术，而使其成为现代审美中一种自己文化主体元素。

它给我十分深刻的印象是，他们已经成功地将自己即北欧传统审美的简朴转化为现代审美的简约。审美是文化中深层的要素。他们已经完成了自己的现代文化。

北欧人这种从传统到现代的审美转型，是有历史文化优势的。首先它们的历史较为单纯，没有太多的文化的更

北欧日用品的新设计

库尔图一家设计师独出心裁构思的咖啡店

迭；再有是地处偏远，距离几个重要的欧洲文化中心如佛罗伦萨、巴黎、法兰克福等都较远，源自这些中心的一些重大的文化思潮，如同发生地震的震中，到了北欧就影响大大减弱。比如崛起于17世纪意大利的巴洛克文化，那种跃动的曲线，华丽的图案，以及流光溢彩，在巴黎和维也纳几乎沉迷了二百年，弥漫了整个朝野。但对北欧的文化及其审美影响却甚微。在北欧人的审美中几乎找不到巴洛克的文化成分。没有过深过重的人文积淀，反而使北欧较轻松地找到自己在现代文明中的文化位置。

比较起来，中国就麻烦多了。自汉唐以来，中原汉文化的审美似乎一贯而下。特别是明代的审美雍容大气、敦厚沉静，从中可以清晰地看到汉之博大与唐之沉雄。然而到了清代，入主中原的满族皇帝们对生活文化表面化奢华的欲求，驱使整个社会的审美发生变异。特别是乾隆盛世，审美的繁缛与炫富感走到极致，完全脱离传统审美的厚重与含蓄。可是到了清代中期之后，国力的衰败便使这种奢华的追求无法企及而日渐粗鄙，审美能力和审美标准遭到破坏。此后则是外来文化的冲击，以及在“不爱红装爱武装”时代，国民的美育和审美品格已不被提倡。当整个社会由传统的农耕社会转向现代的工业社会时，我们已经无所依据和无所凭借。社会审美像没头苍蝇乱撞。或是呆头呆脑的仿古，或是跟着洋人亦步亦趋地做“现代秀”。如何在审美上从传统向现代过渡，成了当代文化的大难题之一。没有现代审美，也就提不到真正意义上的现代文化。

再看看北欧人。看似他的传统的横平竖直和很少雕琢，极容易与现代工业审美结合，其实不然。比方，他们与德国人不同。有着重工业传统的德国人更喜欢用钢铁作为建筑与器物的材料。北欧人则坚持使用他们传统的木头。在这些森林茂密、盛产木材的国家里，他们在温暖的木屋里，使用木头造床、桌椅、盆罐、勺子和笔杆来生活。木的文化深入到他们的骨头里。今天他们依旧坚持使用这种具有亲切感的材质，而且决不刷漆，凸显木头的本色与气息。这样，木头本身的质感与色泽，已成为北欧人简约的现代审美的元素了。如果说德国人的现代审美多一些冷峻，他们则多一些亲和。

北欧人从传统到现代的审美过渡，不是听凭自然，稀里糊涂地完成的。我想它来自两方面。一方面是经过知识界，即建筑界、艺术界、设计师等长期的创造性的努力与探索。瑞典是崇尚发明和设计的国家。瑞典朋友告诉我，他们在使用自己的传统元素时，要做认真的考察和研究，决不草率。在这一点，看看瑞典人的家居装饰的连锁店“宜家”里的各种物品就会一清二楚。另一方面公众的认可。没有公众认可，就不会成为集体审美。只有成为集体审美，才是一种时代的文化特质。

然而，这公众的认可需要全社会有着现代审美的要求，需要整个社会具有较高的审美素质与文化水准，这就必要有美育教育，可是我们至今还没有把美育列入素质教育；还有，知识界的努力是重要的关键。如果我们只去克隆舶来的“现代”，或者在传统中找卖点，我们自己的现代审美则无法建立起来。我很欣赏奥运会中的中国印、祥云和开幕式中“画卷”的设计，这是一种积极和精心的努力。当然，还嫌太少，还只是在设计范畴的个别成功的范例，更大的文化问题是我们的现代审美。而这种时代审美是不会自动转换与完成的。如果现代文化建立不起来，留下的空白一定会被商业文化所占据。就像当前充斥我们社会的粗鄙又浮躁的“暴发户审美”。

在这一点上，北欧人会不会给我们一些启示呢？

# 设计引领生活

在哥本哈根，几次听丹麦人说这么一句话：

“生活的一切都是设计出来的。”

这句话细琢磨一下很有道理，只要是人创造出来的东西哪样没有设计？

然而，为什么以前没听过这种说法？这不是一般的话，里边包含着一种新理念新观念，就是要自觉和主动地用设计去改变生活。

由此，我注意到在丹麦大大小小的城市，包括机场都可以看到一种新颖独特的商店，叫做新设计品商店。走进商店，眼睛一亮，焕然一新，一方面所有商品都是我们日常身边的生活用品，家具、餐具、灯具、厨具、洁具、玩具，还有床上的、居室的、配饰的、园艺的、电器的等等无所不包；但另一方面，它不是一般的百货商场或家居超市；这里一切物品一概是设计新颖的、没见过的、创新的；无论是颜色、造型、理念、使用方法，全都充满了设计师独自的创意，更漂亮更现代更便捷。有的还有新的科技含量。比如刚刚摆到店中的一把雨伞，形状很怪，前尖后圆——这种伞的奇妙之处是在很大的风雨中都不会翻过去。柜台前有一台小

轮椅电梯

电视，播放着这种雨伞“风雨不怕”的神奇效果。

我忽想到，这数千种全新并不断更新的产品需要多么巨大的设计的创意与能力来支持？

不只是丹麦，整个北欧都看重现代生活离不开的至关重要的两个字——设计。

哥本哈根设计博物馆

设计不仅体现在上边说的日常应用的一切，不仅是“宜家”，还有生活的一切，从服装、汽车、住宅到公共建筑。哥本哈根有一座新设计博物馆，展示了人类生活一些方面设计的历史，以及设计与发明、材料、科技及其文化的关系；其中几座世界上最现代的音乐厅与歌剧院的设计所体现出的新科技、新理念、新思想、新的审美精神以及超前的创造力，令人叹为观止。这座博物馆骄傲地展示着设计创新与生活进步的关系。

前两年我访问瑞典和挪威归来，写过一文《从简朴到简约》。我说，北欧四国与中欧和南欧不同，在历史上北欧没有处于欧洲文化中心，没有太多的“人文包袱”；他们的本土文化一直单纯简朴，也就比较容易从固有的“简朴”走进现代文化所需要的“简约”。但是这绝不是听其自然的转化，而是一种自觉的进取。他们首先是明明白白认清自己特有的传统，进而去创造属于北欧的现代文化形态。在这中间，设计被摆到最关键位置，设计师成了时代文化的主角之一。通过数十年、几代设计师的努力，不仅形成了北欧特有的现代的文化精神与审美语言，还有力地影响了整个世界。

设计不仅改变了生活，也创造了独特的生活精神与情感。设计被作为一种创意的代名词，设计师被视作最有创新思维的艺术家，为世人所尊重。如今设计在北欧是一种真正的文化时尚；当然，不是低层次的娱乐时尚，而是高端的文化时尚。

从经济角度看，设计还是一种巨大的生产力。

在丹麦有一家享誉全球的积木玩具公司——乐高（LEGO）。上世纪三四十年代由一位名叫克里斯第森的人所创。它是一种带有“连接颗粒”、可以自由拼砌的五色（红、黄、蓝、白、黑）塑料积木，能够听凭人们的想象自由地堆砌出任何事物来。在乐高所在地比隆小镇，有一座闻名全球的主题公园，使用了4200万块塑料积木，拼砌成世界各地名胜、历史名人、码头车站、油轮汽车、童话世界、花鸟鱼虫、未来世界，显示了它的无所不能。如今世界上已有三亿人手里有乐高积木。它真正的意义是，不只是设计给你的，而是要由你来设计。

乐高已被列入世界十大玩具。它的特点是可以开启孩子的智慧，发挥孩子们的想象，这想象包括设计。任何孩子都能从中享受到想象、设计和动手完成的快乐，这真是酷爱设计的丹麦人的一大发明。

反观自己，我们自己的现代设计成气候了吗？我们有自己鲜明的中国人的现代审美了吗？不论是当代艺术的精英审美，还是大众的生活审美。我们的古代审美十分清晰，甚至可以自诩地说：我们唐代以来就有了乐高似的“七巧板”！但遗憾的是，我们当今的审美模糊又杂乱。也许由于我们历史太久，人文积累既深厚也僵化，也许我们的设计仍处于模仿阶段——抄袭性设计可算不上设计；可是我们的生活审美不应总陷在这种混沌中，需要设计来引领。可是新的设计来自新的设计理念与观念，从哪儿来呢？

乐高公园

# 剪纸与安徒生

世界上只有一个国家以作家为标志，这就是安徒生的丹麦 —— 丹麦的安徒生。

这由于安徒生的童话世人皆知。或许有人说丹麦不光一个安徒生，还有美人鱼呢，但美人鱼也来自安徒生一个深切动人的爱情故事《海的女儿》。

与童话紧紧连在一起的国家是无限美好和充满魅力的。它叫人联想到纯洁、无邪、真率与童心。从人的“根”上影响人的还是童话，安徒生是影响着全人类的作家。所以丹麦人以他们的安徒生为荣，在这个国家几乎处处可以看到安徒生童话中的人物和他的自画像，还有一种用纸剪成的类似太阳神的头像 —— 这是安徒生剪纸作品的标志，名叫太阳头。

剪纸对于中国人来说毫不陌生。它为人们喜闻乐见。人们拿它自娱自乐，多用红纸来剪，象征着喜庆。在许多地区的村落里几乎人人擅长。我国的剪纸用途广泛，题材丰富，技艺精湛，已被列入了世界文化遗产。

在欧洲也有剪纸，但与中国不同，通常称作剪影，主要是剪取人物侧面背光的影像，所以多用黑色的纸。欧洲的

安徒生剪纸使用的剪子及安徒生的剪纸作品

剪影追求逼真，虽然不剪眼睛，只是一个侧影，也能惟妙惟肖。我曾在巴黎塞纳河边，花五个欧元请一位街头剪影艺人为我剪头像。他取一片小小黑纸，手执银色小剪，站在我的一侧，边看我边剪，如画家画肖像，黑纸片在他剪刀间转来转去，须臾间即完成，笑嘻嘻递给我，竟连我也觉得酷似于我。

然而，安徒生不全是这种传统的欧洲剪影，有些很像中国的剪纸。在他的故乡欧登塞的故居博物馆里，我见到他的一些剪纸作品，看上去很像我国北方赫哲族和满族信仰类的剪纸，生动、随性、纯朴，形象还有些怪异，但这些形象并非神像，而是安徒生脑袋里蹦来蹦去的童话人物。

→安徒生的剪纸作品

H. C. Andersen.

安徒生的绘画

安徒生对剪纸之爱到痴迷地步。他用来剪纸的剪子，剪刀较长，剪尖很尖，剪把是一对套指的铁圈，很像医生用的手术剪。他爱好旅游，出行时多半要把剪刀带在身上，以致曾经不小心被剪尖扎伤。

然而，剪纸并非只是他的一种艺术爱好，而是他童话的一部分。他常常在给孩子们讲童话时，一边讲一边剪纸。我国陕西、山西、河南和内蒙古等一些地方也是这样——边说边剪，随心所欲。

他剪纸是即兴的，讲的故事也常常是兴之所至，任意发挥；有时他用剪子把口中故事里的人物剪出来，有时他受到剪纸形象的启发，故事再讲下去就更生动更紧张更有趣。他让这些剪纸形象有声有色有个性有命运。这时，他的剪纸与童话的创作便浑然成为一体了。

依我看，安徒生的剪纸通常是把一张纸左右对折起来再剪，他只剪形象一边的轮廓，打开就是一个完整的形象；剪出一只眼，打开就是一双眼；所以他剪纸的形象大都是对称的。

有时他先把纸左右对折，再上下对折，进而又对角一折，剪出的图案上下左右相互呼应，十分丰富与热闹。记得我上小学时有手工课，学过这样的剪纸，把纸横竖折好，再剪出各种尖的、半圆的、菱形的花样，最后打开一看，会出现意想不到的一个十分美丽的图案。

安徒生为了叫孩子们感兴趣，所剪的形象大都是夸张的、变形的、有表情的，无论是厨娘、魔鬼、小丑、舞者、牧师、巫婆、海盗、皇后，还是天鹅、城堡、风车、磨坊、禽鸟、昆虫、花草等等；全都是可爱逗趣，神气活现。因为，这些形象都是在安徒生讲故事时出现的，所以个个会笑会哭会说话。我想，当他最后把剪成的纸一打开，一准让在场的孩子惊喜万状。

安徒生启示我们，最生动的童话都是想象出来而不是趴在桌上写出来的。

俄罗斯作家契诃夫一次对他的女弟子阿维洛娃说："你递给我一只茶杯，我马上就用茶杯写出一篇小说。"接着他说了关于小说写作的一句"伟大的话"。他说："小说是想

安徒生博物馆以剪纸作为路标上的形象符号

出来而不是写出来的。”

安徒生也说过类似的话：“你在纸上点一滴墨水，把纸叠起来，朝四面挤压，就会出现某种图形。你要有想象力和绘画意识，画就出现了；你要是天才，就会有一幅天才的画。”

想象不是凭空的，有时要借助一些由头。

对于有艺术想象潜质的人，想象往往需要诱发，一种意想不到的刺激与启动。比方安徒生，这诱发常常来自剪纸。在对折和多折的纸上可以剪出意想不到的效果。你剪一双大眼睛，没想到打开后这双眼睛在哭；你剪一颗心，打开之后竟然在一个人身上出现两颗心；你在一个半圆的形体下边剪几条曲线，以为是太阳，打开后变成了一条傻乎乎游动的章鱼了。剪纸是可视的形象艺术，它可以直接唤起形象的联想。

尽管童话是用写作完成的，但构思与灵感却常常来自他的剪纸。所以，安徒生说自己“剪纸是写作的开始”。

这是我以前不知道的。我原先只把剪纸作为他的一种爱好。现在才明白，剪纸是他童话创作的一部分。当然他不是写作才剪纸，但剪纸唤起了他创作前期最重要的精神活动——想象。

有人说，安徒生一生留下的剪纸约一千幅。这显然不是他实际剪纸的数量。他生前剪纸都是随意、随性和随时的，不会刻意去保存；再说纸张日久变脆，难以珍藏，因此说，他剪过的剪纸至少还要多几十倍。如今，我们从他留下的剪纸上已经辨认不出哪个是“卖火柴的小女孩”，哪个是穿“新衣”的皇帝，也许其中不少剪纸故事没有写出来过，但安徒生的剪纸无疑是他文学世界与童话天地不能或缺的极重要的一部分。

安徒生真是一个独一无二的作家。

→安徒生的绘画世界

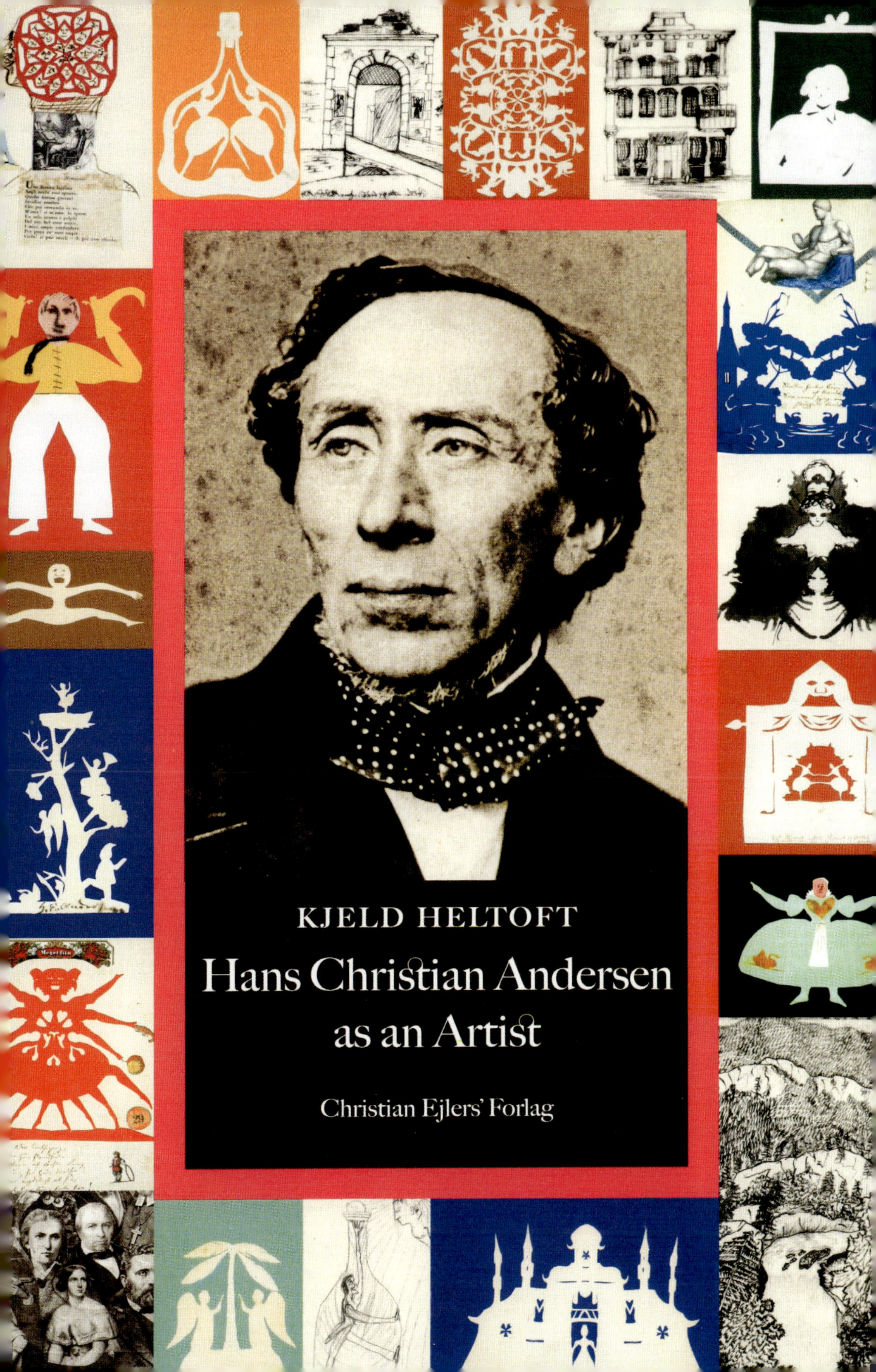

KJELD HELTOFT

# Hans Christian Andersen as an Artist

Christian Ejlers' Forlag

# 在芬兰的感想

在当代生活中，由于飞机误点和汽车塞车而失约是最容易被谅解的。然而，芬兰的朋友不无遗憾地告诉我，由于我迟到一天，错过了赫尔辛基大学为我在一座古堡里准备好了的别具风情的欢迎仪式。据说我当时可以在那里洗桑拿。

这使我吃了一惊。我跑了那么多国家，还没听说用洗桑拿——让客人裸一次并给蒸汽蒸得像煮熟的海螃蟹那样通红——来欢迎客人。

然而，对于芬兰人来说，洗桑拿是他们的骄傲。因为他们是这种刺激又过瘾的、像扒一层废皮那样快乐的洗浴方式的发明者。他们视桑拿为“国粹”，就像我们的“元青花”。

我想，激发出芬兰人这种发明灵感的，大概是它地处北半球极地那种直钻到骨头里的寒冷。其实对于芬兰人来说，寒冷并不可怕，从古代烧炭烤火到当今的电暖气都是人们足以驱寒的手段。可怕的是这里缺少阳光。芬兰北部一年至少五十天完全没有阳光，南部一年也有一个季度每天只有三个小时能够见到阳光。漆黑一团的生活，难免磕磕碰碰，减缓速度，更影响人的心理。想一想一天天全在闷罐似的夜里、一觉醒来还在夜里是什么滋味？

我和赫大的教授高歌先生面对面吃饭时，发现他很少说话。他的相当不错的汉语足以与我交谈，但他一声不吭埋头吃着冰岛烤鱼。后来我发现其他芬兰人的话也不多；他们习惯缄默，性格含蓄，耽于安静。但安静并不沉闷，而是一种习惯了的适然。人的气质就是城市的气质。芬兰是安静的。不像法国人激情四溢，巴西人总在不停地摇动，美国人匆匆忙忙，动不动张着嘴巴哈哈大笑。

据说我来到芬兰的六月是他们“最好”的时候。直到晚间十时半了，朝西的景色依旧给阳光照耀得明媚夺目，有的树给照得像光鲜的翡翠一般。这时候，芬兰人决不会待在家里，或坐在广场上，或躺在河边，享受着太阳神一年一度稀有的恩赐。人总是缺少什么渴望什么。大自然总是给你一半的同时叫你还想着那一半。不满足是生活的本质，也是人的本质。

然而对于大自然不同的是，古人充满敬畏，更多是依赖；人对于大自然的要求只是生活之必需。可是被高科技武装起来的当今人类却变得欲海无边和胆大妄为了，有限的地球资源正在被挥霍。人们并不知道为了满足自己而预支了明天。我们不是正在疯狂地剥夺我们的后代吗？

芬兰人与大自然太密切了，一千八百个围着海水的岛屿加上一千八百个陆地上的湖泊构成了他们的疆土。为此，他们国旗的颜色是蓝和白，很单纯；蓝色象征着湖水和海水，白色象征着大雪覆盖的大地；而这大地上还有百分之七十是黑压压的森林。谁也无法把自己隔绝在大自然之外。然而，他们却不会填湖造地，再炒地开发；从赫尔辛基到图尔库这些城市也不去搞什么公园化，“打造”什么“花园城

市”，而是遵从大自然的天意，连草地都是自然生长出来的野草，草里开着野花，很少铺设人工栽培的草皮。一句话，他们更欣赏天然而非人为。还迷恋着先人留下的一种生活方式——湖边桑拿。在今天，拥有一座祖先遗留下来的湖边木屋的人，便被视为“富翁”。所谓“富”，就是可以在假期里来到湖边，全家人钻进这近乎原始的充满木头气味的房子里待几天，吸足了大自然醉心的气味。在今年被评为“欧洲文化之都”的图尔库市，有一种向客人们一半推荐一半炫耀的特制的水杯，是用树皮包着一个素白的瓷杯。显然他们喜欢手指接触树皮——这种自然生命的触感。

芬兰和瑞典一样是讲究艺术设计的国家。他们在一切生活用品上都崇尚新颖与创意的设计。但他们的设计很少商业化的花里胡哨与挤眉弄眼，而是一种与大自然的谐调，

访问芬兰民间文学协会

现代的简约，以及他们质朴与喜欢单纯的本性。

在刚才提到的芬兰人沉静的性格里，还有一种韧性的东西——这离不开他们的历史。由于地缘关系，他们地处俄罗斯与瑞典两个强国夹峙之中。虽然早早立国，但很快就称臣于瑞典，时间竟长达六百年，随后又成为瑞俄战争的胜利者沙皇俄国隶属的大公国。直到1917年俄国十月革命后才宣布独立。六七百年来受制于他人，还会有自己吗？在如此漫长岁月等待着国家光复而从不言弃的芬兰人靠着什么活下来的？是一种坚韧顽强、令人钦佩的国家精神。我在他们民族英雄马达汉博物馆的留言簿上写了一句话：

世上的爱国者都是人民心中的圣人。

芬兰人心中另一个英雄是驰名世界的大音乐家西贝柳斯，他的《芬兰颂》就像法国人的《马赛曲》和中国人的《义勇军进行曲》。这是一种真正融化到人们血液里的灼热的音乐。能进入人们血液的音乐才有生命，决非那种我爱你不爱的哼哼唧唧。

其实，精神一直为芬兰人所尊崇。

在芬兰文学协会，我看到他们收集和整理的自己民族的民歌25万首，全都井然有序地陈放在书架上和编入数据库中。这个协会成立于1831年，远在他们国家独立之前。这件事告诉我，在他们国家没独立时，他们的文学、他们的精神一直是独立的。

我知道，芬兰是世界上人均拥有大学最多的国家。散步在赫尔辛基大学绿荫重重的校园里，当我听说这里有四万名学生和五百名教授，产生过五名诺贝尔奖得主，一时觉得学院里的空气都饱含着精神与学术的氧了。

有一种说法，说芬兰是“知识分子治国”，也有人反对这种说法，说“芬兰人差不多都是大学毕业，官员也都学历很高”。其实有知识和知识分子并非一码事。所谓知识分子是具有知识分子独立立场的人。在芬兰即使一些知识分子成为国会议员，依然保持其批评性。

批评是思想的生命方式之一，也是寻求科学与真理的最重要的途径。

在赫尔辛基海边码头上我看到一些芬兰人，坐在简易的木椅上晒太阳；成群的海鸥在他们头上飞来飞去，从海上吹来的凉爽的风撩动着他们的额发与衣袂。他们有的捧着笔记本电脑上网，有的饮着本地人酷爱的咖啡，大多缄默不语，静静地享受着自然、传统，还有现代的文明——这便是我看到的芬兰最平凡的图画。

我没有去拍照，因为它已经深深印在我脑袋里了。

# 离我太远了·第三章

# 今天的布拉格

布拉格对我的诱惑，除去德沃夏克、卡夫卡、昆德拉，以及波希米亚人，还有便是歌德的那句话“布拉格是欧洲最美丽的城市”。歌德这句话是二百年前说的，那么今天的布拉格呢？在捷克做过文化参赞的诗人孙书柱对我说：“你不去布拉格会是终身遗憾。”

经历了20世纪两次世界大战和非同寻常的社会风暴之后，布拉格会是什么样子？我想起90年代初一个黄昏进入东柏林时那种黑糊糊、空洞和贫瘠的感受。于是，我几乎是带着猜疑，而非文化朝圣的心情进入了捷克的边境。

三天后，我在布拉格老城区一家古老的饭店喝着又浓又香的加蒜末的捷克肚汤时，手机忽然响了，是孙书柱。他说：“感觉怎么样？”我情不自禁地答道：“我感到震撼！”我听到自己的声音很响亮。

布拉格散布在七个山丘上，很像罗马。特别是站在王宫外的阳台上放目纵览，一定会为它浩瀚的气概与瑰丽的景象惊叹不已。首先是城市的颜色。布拉格所有的屋顶几乎全是朱红色的，他们使用的是一种叫石榴石的矿物质颜料，鲜明又沉静；而墙体的颜色大多是一种象牙黄色。在奥

匈帝国时代，捷克的疆域属于帝国领土的一部分，哈布斯堡王朝把一种“象牙黄”视为高贵，并致力向民间普及。于是这红顶黄墙与浓绿的树色连成一片。百余座教堂与古堡千奇百怪地耸立其间。这便是在世界上任何地方都见不到的城市景观。

然而捷克之美，更在于它经得住推敲。

在捷克西部温泉城卡洛维发利，我在那条沿河向上的

从一座老楼上一览布拉格

老街上缓缓步行，一边打量着两边的建筑。我很惊讶。没有任何两座建筑的式样是相同的。它们像个性很强的女人，个个都目中无人地站在街头，展示自己。其实，这不正是波希米亚人不尚重复的性格？

在布拉格更是这样。只有在上个世纪五六十年代建造的那些宿舍楼，才彼此一个模样，没有任何美感与装饰。从中我发现，它们竟然和我们同时代的建筑“如出一炉”，这

布拉格人依旧以“好兵帅克”为荣

倒十分耐人寻味！

而布拉格的城市建筑真正的文化意义，是它保存着从中世纪以来，包括罗马式、哥特式、巴洛克式、青年艺术风格等各个不同时期的建筑作品。站在老城广场上，挤在上千惊讶地张着嘴东张西望的游客中间，我忽然明白，当年歌德看到的，我们都看到了。但跟着一个问题冒出来：它是如何躲过上个世纪的剧烈的政治风暴的冲击？甭说民居墙面上千奇百怪的花饰，单是查理大桥上那些来自宗教与神话的巨大的雕塑早该被“砸得稀巴烂了”！

一个城市的历史总是层层叠叠深藏在老街深巷里。布拉格这些深巷常常使游人迷路。据说卡夫卡知道这每一座不知名的老屋里的故事。他的朋友们常常看见他在这些街头巷尾或哪个门洞里一晃而过。

老街至今还是用石块铺的路。几百年过去的时光从上面碾过，一代代人用脚掌雕塑着它们。细瞧上去，很像一张张面孔，有的含混不明，有的凄苦地笑，有的深深刻着一道裂痕。街上的门都很小，然而门内都有一个小小的罗马式回廊环绕的院子，只有正午时分，阳光才会直下。站在这样的院子里就会明白，为什么卡夫卡把它称作“阳光的痰盂”。

生活在这样世界里的布拉格人，并不因此愁闷与阴郁。他们天性热爱个人的生活，专注于家庭，还有传统。他们对啤酒有天生的嗜好，一如法国人钟爱葡萄酒。每年一个捷克人平均喝掉150公升啤酒。而他们对音乐的热爱不亚于奥地利人。连惹起祸端而招致苏联军队把坦克开进城中的“布拉格之春”，也是音乐带来的麻烦。但即使在那个非常的年代，人们去听音乐会，也照旧会盛装打扮，这样的人民

街头风情

会去把建筑上的艺术捣毁吗？

我则认为，我们的文化遗产所遭受的最大的破坏还是“文革”。“文革”之前，老房上那些砖雕石雕，谁会动手去砸。我们只是把它作为“无用的历史”弃置一旁。布拉格最著名的圣维特大教堂在20世纪五六十年代，被当做工厂使用，就像天津的广东会馆。但是“文革”不仅仅举国如狂地毁灭自己的文化遗产，更严重的是对自己文化的轻视与蔑视。蔑视自己的文化比没有文化还可怕。而这种自我的文化轻蔑在功名利禄迷惑人心的当代便恶性地发酵了。于是，我便转而注目于今天的布拉格人怎样重新对待自己的文化遗产。

他们正在全面整理和精心打扮自己的城市。从外观上，将这些至少失修了半个世纪的建筑，一座座地从岁月的污垢中清理出来。同时将具有现代科技含量的生活硬件注入进去。他们在修整这些地面上最大的古物时，精心保护每一个有重要价值的细节。由于他们没有经过那种“涤荡一切污泥浊水”的大革文化命，所以历史遗存极其丰厚。连各种店铺的商家也都把这些遗产引以为自豪，并且印成资料与画片，赠送给客人。不像我们胡乱地扫荡之后，待要发展旅游，已经空无一物，只能靠着造假古董和编故事（俗称编段子），将历史浅薄化、趣味化、庸俗化。

从老城广场到查理桥必须经过一条历史名街——皇帝街。这条长长的窄街弯弯曲曲，顺坡而下。街两旁五彩缤纷地挤满各色小店，咖啡店、酒吧、食品店、小旅店，形形色色小商店里经营的大都是本地的特产，如提线木偶、草编人物、民间土布，以及闻名天下的玻璃器具。最小的店铺大约只有四五平方米，却都是有声有色、有滋有味，故而皇帝街是布拉格人气最旺的一条步行街。

据说十年前，有人想从美国引资对这条街进行改造。将石块铺成的路面改为平整的柏油路，两边的商店扩宽重建。这引起很大争议。经居民投票民主表决，结果还是顺从当地的人民的意见——皇帝街保持历史的原貌！

东欧国家经过九十年的巨变，几乎碰到同样一个问题：怎样对待自己的城市。从俄罗斯的圣彼得堡、德国的柏林和魏玛、匈牙利的布达佩斯，直到捷克的古城。我看到了一种共同的态度——正像我在柏林拜访过一个负责修整历史街区的组织的名字——“小心翼翼地修改城市”。那就是用心珍惜历史遗产，全力呵护文化财富，一切为了未来。

# 古希腊的石头

每到一个新地方，首先要去当地的博物馆。只要在那里边呆上半天或一天，很快就会与这个地方“神交”上了。故此，在到达雅典的第二天一早，我便一头扎进举世闻名的希腊国家考古博物馆。

我在那些欧洲史上最伟大的雕像中间走来走去，只觉得我的眼睛——被那个比传说还神奇的英雄时代所特有的光芒照得发亮。同时，我还发现所有雕像的眼睛都睁得很大，眉清目朗，比我的眼睛更亮！我们好像互相瞪着眼，彼此相望。尤其是来自克里特岛那些壁画上人物的眼睛，简直像打开的灯！直叫我看得神采焕发！在艺术史上，盛世之时艺术中人物的眼睛，总是炯炯有神；社会衰颓时期艺术中人物的眼睛，多半暧昧不明。当然，“文革”美术除外，因为那个极度亢奋时代的人们全都注射了一种病态的政治激素。

我承认，希腊人的文化很对我的胃口。我喜欢他们这些刻在石头上的历史与艺术。由于石头上的文化保留得最久，所以无论是希腊人，还是埃及人、玛雅人、巴比伦人以及我们中国人，在初始时期，都把文化刻在坚硬的石头上。这些深

卫城对面山顶上的神龛，很像北魏佛龛

深刻进石头里的文字与图像，顽强又坚韧地表达着人类对生命永恒的追求，以及把自己的一切传之后世的渴望。

然而，永恒是达不到的。永恒只是很长很长的时间而已。古希腊人已经在这时间旅程中走了三四千年。证实这三四千年的仍然是这些文化的石头。可是如今我们看到了，石头并非坚不可摧。世界上没有任何东西可以把人带到永远。在岁月的翻滚中，古希腊人的石头已经满是裂痕与缺口，有的只剩下一些残块和断片。

在博物馆的一个展厅，我看到一截石雕的男子的左臂。虽然只是这么一段残臂，却依然紧握拳头，昂然地向上弯曲着，皮肤下面的血管膨脖鼓胀，脉搏在这石臂中有力地跳动。我们无法看见这手臂连接着的雄伟的身躯，但完全可以想见这位男子英雄般的形象。一件古物背后是一片广阔的历史风景。历史并不因为它的残缺而缺少什么。残缺，却表现着它的经历、它的命运、它的年龄，还有一种岁月感。岁月感就是时间感。当事物在无形的时间历史中穿过，它便被一点点地消损与改造，并因而变得古旧、龟裂、剥落与含混，同时也就沉静、苍劲、深厚、斑驳和朦胧起来。

于是一种美出现了。

这便是古物的历史美。历史美是时间创造的。所以它又是一种时间美。我们通常是看不见时间的。但如果你留意，便会发现时间原来就停留在所有古老的事物上。比如那深幽的树洞，凹陷的老街，泛黄的旧书，磨光的椅子，手背上布满的沟样的皱纹，还有晶莹而飘逸的银发……它们不是全都带着岁月和时间深情的美感吗？

这也是一种文化美。因为古老的文化都具有悠远的时间的意味。

时间在每一件古物的体内全留下了美丽的生命的年轮，不信你掰开看一看！

凡是懂得这一层美感的，就绝不会去将古物翻新，甚至做更愚蠢的事——复原。

站在雅典卫城上，我发现对面远远的一座绿色的小山顶上，爽眼地竖立着一座白色的石碑。碑上隐隐约约坐着一两尊雕像。我用力盯着看，竟然很像是佛像！我一直对古希腊与东方之间雕塑史上那段奇缘抱有兴趣。便兴冲冲走下卫城，跟着爬上了对面那座名叫阿雷奥斯·帕果斯的草木葱茏的小山。

山顶的石碑是一座高大的雕着神像的纪念碑。由于历时久远，一半已然缺失。石碑上层的三尊神像，只剩下两尊，都已经失去了头颅，可是他们依然气宇轩昂地坐在深凹的洞窟里。这时，使我惊讶的是，它竟比我刚才在几公里之外看到的更像是两尊佛像。无论是它的窟形，还是从座椅垂落下来的衣裙，乃至雕刻的衣纹，都与敦煌和云冈中那些北魏与西魏的佛像酷似！如果我们将两个佛头安装上去，也会十分和谐的！于是，它叫我神驰万里，一下子感到世纪前丝绸之路上那段早已逝去的令人神往的历史——从亚历山大东征到希腊人在犍陀罗为原本没有偶像崇拜的印度人雕刻佛像，再到佛教东渐与中国化的历史——陡然地掉转过头，五彩缤纷地扑面而来。

原来时间隧道就在希腊人的石头中间！在这隧道里，我似乎已经触摸到消失了数千年的那一段时光了。这时光的触觉，光滑、柔软、流动，还有一些神秘的凹凸的历史轮

廓。我静静坐在山顶一块山石上，默默享受着这种奇异和美妙的感受，直到夕阳把整个石碑染得金红，仿佛一块烧透了的熔岩。

由此，我找到了逼真地进入希腊历史的秘密。

我便到处去寻访古老的文化的石头，从那一片片石头的遗址中找到时光隧道的入口，钻进去。

然而，我发现希腊到处全是这种石头。希腊人说他们

雅典卫城

最得意的三样东西就是：阳光、海水和石头。从德尔菲的太阳神庙到苏纽的海神庙，从埃皮达洛夫洛斯的露天剧场到迈锡尼损毁的城堡，它们简直全是巨大的石头的世界。可是这些石头早已经老了。它们残缺和发黑，成片地散布在宽展的山坡或起伏的丘陵上。数千年前，它们曾是堆满财富的王城、聆听神谕的圣坛或人间英雄们竞技的场所。但历史总是喜新厌旧的。被时光筛子筛下来只有这些破碎的

海神庙

房宇，残垣败壁，断碑，兀自竖立的石柱，东一个西一个的柱头或柱础。

尽管无情的历史遗弃它，有心的希腊人却无比珍惜它。他们保护这些遗址的方式在我们看来十分奇特。他们绝不去动一动历史遁去之后的“现场”。一根石柱在一千年前倒在哪里，今天绝不去把它扶立起来。因为这是历史的本来面目。尊重历史就是不更改历史。当然他们又不是对这些先人的创造不理不管。常常会有一些“文物医生”拿着针管来，为一些正在开裂的石头注射加固剂，或者定期清洗现代工业造成的酸雨给这些石头带来的污迹。他们做得小心翼翼，好像这些石头在他们手中依然是活着的需要呵护的生命。

他们使我们认识到，每一块看似冰冷的古老的石头，其实并没有死亡，它们犹然带着昔时的气息。它们各自不同的形态都是历史的表情，石头上的残痕则是它们命运的印记与年龄的刻度。认识到这些，便会感到我们已身在历史中间。如果你从中发现到一个非同寻常的细节，那就极有可能是神奇的时间隧道的洞口了。

迈锡尼遗址给人的感受真是一种震撼。这座三千多年前用巨石砌成的城堡，如今已是坍塌在山野上的一片废墟。被时光磨砺得分外粗糙的巨大的石块与齐腰的荒草混在一起。然而，正是这种历史的原生态，才确切地保留着它最后毁灭于战火时惊人的景象。如果细心察看，仍然可以从中清晰地找到古堡的布局、不同功能的房舍与纵横的甬道。1876年德国天才的考古学家谢里曼就是从这里找到了一个时光隧道的入口，从隧道里搬出了伟大的荷马说过的那些黄金财宝和精美绝伦的“迈锡尼文化”——他实际是活灵活现地搬出来古希腊一段早已泯灭了的历史。谢里曼说，在发掘出这些震惊世界的迈锡尼宝藏的当夜，他在这荒凉的遗址上点起篝火。他说这是2244年以来的第一次火光。这使他想起当年阿伽门农王夜里回到迈锡尼时，王后克莉登奈斯特拉和她的情夫伊吉吐斯战战兢兢看到的火光。这跳动的火光照亮了一对狂恋中的情人眼睛里的惊恐与杀机。

今天，入夜后如果我们在遗址点上篝火，一样可以看到古希腊这惊人的一幕；我们的想象还会进入那场以情杀为背景的毁灭性的内战中去。因为，迈锡尼遗址一切都是原封不动的。时光隧道还在那些石头中间。于是我想，如果把迈锡尼交给我们——我们是不是要把迈锡尼散乱的石头好好“整顿”一番，摆放得整整齐齐；再将倾毁的城墙重新砌起来；甚至突发奇想，像大声呼喊着“修复圆明园”一样，把迈锡尼复原一新。如若这样，历史的魂灵就会一下子逃离而去。

珍视历史就是保护它的原貌与原状。这是希腊人给我们的启示。

那一天，天气分外好。我们驱车去苏纽的海神庙。车子开出雅典，一路沿着爱琴海，跑了三个小时。右边的车窗上始终是一片纯蓝，像是电视屏幕的蓝卡。

海神庙真像在天涯海角。它高踞在一块伸向海里的险峻的断崖上。看似三面环海，视野非常开阔。这视野就是海神的视野。而希腊的海神波塞冬就同中国人的海神玛祖一样，护佑着渔舟与商船的平安。但不同的是，波塞冬还有一个使命是要庇护战船。因为波斯人与希腊人在海上的争雄，一直贯穿着这个英雄国度的全部历史。

可是，这座世纪前的古庙，现今只有石头的庙基和两三排光秃秃的多里克石柱了。石柱上深深的沟槽快要被时光磨平。还有一些断柱和建筑构件的碎块，分散在这崖顶的平台上，依旧是没人把它们“规范”起来。没有一个希腊人敢于胆大包天地修改历史。这些质地较软的大理石残件，经受着两千多年的阵阵海风吹来吹去，正在一点点变短变小，有几块竟然差不多要湮没在地面中了；一些石头表面还像流质一样起伏。这是海风在上边不停地翻卷的结果。可就是这样一种景象，使得分外强烈的历史感一下子把我包围起来。

纯蓝的爱琴海浩无际涯，海上没有一只船，天上没有鹰鸟，也没有飞机。无风的世界了无声息。只有明媚的阳光照耀着古希腊这些苍老而洁白的石头。天地间，也只有这些石头能够解释此地非凡的过去。甚至叫我们想起爱琴海的名字来源于爱琴王——那个悲痛欲绝的故事。爱琴王没有等到出征的王子乘着白色的帆船回来，他绝望地跳进了大海。这大海是不是在那一瞬变成这样深浓而清冷的蓝色？爱琴王如今还在海底吗？他到底身在哪里？在远处那一片闪着波光的“酒绿色的海心”吗？

等我走下断崖时，忽然发现一间专门为游客服务的商店。它故意盖在侧下方的隐蔽处。在海神庙所在的崖顶的任何地方，都是绝对看不见这家商店的。当然，这是希腊人刻意做的。他们绝对不让我们的视野受到任何现代事物的干扰，为此，历史的空间受到了绝对与纯正的保护！

我由衷地钦佩希腊人！

希腊人告诉我们，保护古代文明遗产，需要的是对历史的深刻理解与崇拜，科学的方法，优雅的美感和高尚的文化品位。因为历史文明是一种很高的意境。

创造古希腊的是历史文明，珍惜古希腊的是现代文明。而懂得怎样珍惜它，才是一种很高层次的文明。

# 永恒的敌人
## ——古埃及文化随想

我面对着雄伟浩瀚、不可思议的金字塔，心里的问号不是这二百三十万块巨石怎样堆砌上去的，也没有想到天外来客，而是奇怪这人类历史上最伟大的建筑竟是一座坟墓！

当代人的生命观变得似乎豁达了。他们在遗嘱中表明，死后要将骨灰扬弃到山川湖海，或者做一次植树葬，将属于自己最后的生命物质，变为一丛鲜亮的绿色奉献给永别的世界。当天文学家的望远镜把一个个被神话包裹的星球看得清清楚楚，古远天国的梦便让位于世人的现实享受。人们愈来愈把生命看做一个短暂的兴灭过程。于是，物质化的享乐主义便成了一种新宗教。与其空空地企望再生，不如尽享此生此世的饮食男女。谁还会巴望死亡的后边出现奇迹？坟墓仅仅是一个句号而已。人类永远不会再造一个金字塔吧。

但是，不论你是一个怎样坚定的享乐主义者，抑或一个无神论者和唯物主义者，当你仰望那顶端参与着天空活动的、石山一般的金字塔时，你还是被他们建造的这座人类史

上最大的坟墓所震撼——不仅由于那种精神的庄严，那种信仰的单纯，更重要的是那种神话一般死的概念和对死的无比神圣的态度与方式。

古埃及把死当做由此生渡到来世的桥梁，或是一条神秘的通道。不要责怪古埃及人的幼稚与荒唐，在旷远的四千五百年前，谁会告诉他们生命真正的含义？再说，谁又能告诉我们四千五百年后，人类将怎样发现并重新解释生与死的关系，是不是依旧把它们作为悲剧性的对立？是不是反而会回到古埃及永生的快乐天国中去？

空气燃烧时，原来火焰是透明的。我整个身体就在这晃动的火焰里灼烤，大太阳通过沙漠向我传达了它的凛然之威；尽管戴着深色墨镜，强光照耀下的石山沙海依然白得扎眼；我身上背着的矿泉水瓶里的水已经热得冒泡儿了，奇怪的是，瓶盖拧得很严，怎么会蒸发掉半瓶？尽管如此，我来意无悔，踩着火烫的沙砾，一步步走进埋葬着数千年前六十四个法老的国王谷。

钻进一个个长长的墓道，深入四壁皆画及象形文字的墓室，才明白古埃及人对死亡的顶礼膜拜和无限崇仰；一切世间梦想都在这里可闻可见，一切神明都在这里迷人地出现。人类艺术的最初时期总与理想相伴，而古埃及的理想则更多依存于死亡。古埃及的艺术也无处不与死亡密切

胡夫金字塔与狮身人面像

相关。他们的艺术不是张扬生的辉煌，而是渲染死的不朽。一时你却弄不清他们赞美还是恐惧死亡？

他们相信只要保存遗体的完好，死者便依然如同在世那样生活，甚至再生。木乃伊防腐技术的成功，便是这种信念使然。沉重的石棺、甬道中防盗的陷阱、假门和迷宫般的

结构，都是为遗体——这生命载体完美无缺地永世长存。按照古埃及人的说法，世间的住宅不过是旅店，坟墓才是永久的居室；金字塔的庞大与坚固正是为了把这种奇想变成惊人的现实。至于陪葬的享乐器具和金银财宝，无非使法老们死后的生活一如在世。那么这一切到底是为了装饰着死，还是创造一种人间从未发生过的奇迹——再生和永生？

即使是远古人，面对着呼吸停止、身躯僵硬的可怕的尸体，都会感到生死分明。但是在思想方法上，他们还是要极力模糊生死之间的界限。古埃及把法老看做在世的神，混淆了人与神的概念；中国人则在人与神之间别开生面地创造一个仙。仙是半神半人，亦人亦神。在中国人的词典里，既有仙人，也有神仙。人是有限的，必死无疑；神是无限的，长生不死。模糊了神与人、生与死的界限，也就逾越死亡，进入永生。

在卡纳克神庙前

永生，就是生命之永恒。这是整个人类与生俱来最本能、也最壮丽的向往。

从南美热带雨林中玛雅人建造的平顶金字塔，到中国西安那些匪夷莫思的浩荡的皇家陵墓，再到迈锡尼豪华绝世的墓室，我们发现人类这样做从来不只是祭奠亡灵，高唱哀歌，而是透过这死的灭绝向永生发出竭尽全力的呼唤。

死的反面是生，死的正面也是生。

远古人的陵墓都是用石头造的。石头坚固，能够耐久，也象征永存。然而四千五百年过去了，阿布辛比勒宏伟的神像已被风沙倾覆；尼罗河两岸大大小小几乎所有的金字塔，都被窃贼掏空。曾经秘密地深藏在国王谷荒山里的法老墓，除去幸存的阿蒙墓外，一个个全被盗掘得一无所有。没有一个木乃伊复活过来，却有数不尽的木乃伊成为古董贩子们手里发财的王牌。不用说木乃伊终会腐烂，古埃及人绝不会想到，到头来那些建造坟墓的石头也会朽烂。在

卢克索神庙

毒日当头的肆虐下，国王谷的石山已经退化成橙黄色的茫茫沙丘；金字塔上的石头一块块往下滚落；斯芬克斯被风化得面目全非，眼看要复原成未雕刻时那块顽石。如果这些石头没有古埃及人的人文痕迹，我们不会知道石头竟然也熬不过几千年。这叫我想起中国人的一句成语：海枯石烂。站在今天回过头去，古埃及人那永生的信念，早已成为人类童年的一厢情愿的痴想。

世界上最古老的神庙——卢克索神庙和卡纳克神庙，已经坍塌成一片倾毁的巨石。在卢克索神庙的西墙外，兀自竖立一双用淡红色花岗岩雕成的极大的脚，膝盖以上是齐刷刷的断痕，巨大的石人已经不见了。他在哪里，谁人知晓？这样一个坚不可摧的巨像，究竟什么力量能击毁并把它消匿于无？而躺在开罗附近孟斐斯村地上的拉美西斯二世的几十米的石像，却独独失去双脚。他那无与伦比的巨脚呢？我盯着拉美西斯二世比一间屋子还大的修长光洁的脸，等待回答。他却毫无表情，只有一种木讷和茫然，因为他失去的有比这双脚更致命的东西便是：永恒。

永恒的敌人是什么？它并不是摧残、破坏、寇乱、窃盗、消磨、腐烂、散失和死亡，永恒的敌人是时间。当然，永恒的载体也是时间，可是时间不会无止无休地载运任何事物。时间的来去全是空的。在它的车厢里，上上下下都是一时的光彩和瞬息的强大。时间不会把任何事物变得永恒不灭，只能把一切都变得愈来愈短暂有限和微不足道。可是古埃及人早早就知道怎样对抗这有限和短暂了。

当我再次面对着吉萨大金字塔，我更强烈地被它所震撼。我明白了，这埋葬法老的人类最伟大的建筑，并非死亡象征，乃是生之崇拜，生之渴望，生之欲求。

金字塔是全人类的最神圣的生命图腾！

想到这里，我们真是充满了激情。也许现代人过于自信现阶段的科学对生命那种单一的物质化的解释，才导致人们沉溺于浮光掠影般的现实享乐。有时，我们往往不如远古的人，虽然愚顽，却凭直觉、直率又固执地表现生命最本能的欲望。一切生命的本质，都是顽强追求存在以及永存。艺术家终生锲而不舍的追求，不正是为了他所创造的艺术生命传之久长吗？由于人类知道死亡的不可抗拒，才把一切力量都最大极限地集中在死亡上。只有穿过死亡，才能永生。那么人类所需要的，不仅是能力和智慧，更是燃烧着的精神与无比瑰丽的想象！仰望着金字塔尖头脱落而光秃秃的顶部，我被深深感动着。古埃及人虽然没有跨过死亡，没有使木乃伊再生，但他们的精神已然超越了过去。

永恒没有终极，只有它灿烂和轰鸣着的过程。

正是由于人类一直与自己的局限斗争，它才充满活力和不断进步。

# 静止的辉煌

艺术史中最令人激动的现象，莫过于超越。这种超越有时是跨过前人，有时是突破自身，包括艺术的本身；超越是革命性地迈出已有的成果，是对艺术能力的百倍扩张，也是将自己与过去分离，与未来热烈地拥抱。超越才是真正体现“艺术即创造”的本质。然而，超越一旦完成，便化为一种静止的辉煌。它迷人的时刻还是在那超越时的一瞬间。

从开罗到卢克索，我努力把见到的古埃及每一幅绘画、每一件雕塑都深深记住。当然这只是一种发傻的愿望。可它们却在我心里意外地形成一个深刻的印象：古埃及人从开始，心里就怀着一种超越的冲动。

几乎人人皆知，古埃及绘画中那种公式化的人物造型，即所有人物无一例外的都是：脸是侧面的，显出额头、鼻子和嘴唇的轮廓；眼睛却是正面的，有前后两个眼角；胸部也是正面的，展现出双肩与双臂；腿与脚又是侧面的，与侧面的脸方向一致。整个人物从头到脚，两次九十度地转向。真人或站或坐都无法保持这种姿势。但这种奇特的造型却可以巧妙地同时表现出人物的正面与侧面，使人物具有立体性。

世界各地艺术最初时期的人物造型都是“扁片”的，那时人们还没有足够的技术和方法去表现“立体”。一旦人物造型由“扁片”变为“立体”，艺术已经向成熟跨进一大步了。然而，古埃及是一个例外！他们这种奇特的人物造型，在最早一块描绘第一王朝纳美王功绩的浮雕石板上，就已经是这个样子，至今还没有发现到更早的与此不同的人物造型。我想这正表明古埃及人最初动手作画的时候，就感到“扁片”形象表现力的局限与约束，由此大胆而天才地创造了这种奇特的形象，用两次九十度扭转人物身体的方式，使“扁片”的人物形象最大限度地立体化。这是多么了不起的创造，也是多么伟大的超越！别忘了古埃及人这个独一无二的艺术创造，距今遥遥五千多年啊！

同样，最具古埃及特征的“凹浮雕”，也是一个追求形象立体化的创造性的方式。他们先沿着人物外轮廓的内侧，刻下一圈很深的凹槽，轮廓内的部分便有了凸起的感觉，然后再在这上边进行浮雕与线刻，形象便有了立体效果。一般的浮雕形象，都是高于背景平面的；而古埃及的“凹浮雕”中的形象却与背景一般高，形象的凸出感和立体感是依仗外轮廓线那深深的凹槽造成视觉上的错觉来实现的。它的好处是，在任何城墙、石柱、泥壁上使用这种凹浮雕手法，都无需破坏物体表面，却同样可以达到立体的浮雕效果，古埃及人真是聪明透顶！尤其是日光下彻，影布石上，形象外部轮廓与内部刻画的线条，粗细对比，深浅相映，意境非常独特。

然而，当我们把埃及的古文化整个浏览过来，另一个惊人的发现也就出现了。从古埃及文化发端的第一王朝（前

3100）到最后一个王朝（公元后），历经了漫长的三千年，上述的古埃及的绘画与雕刻竟然是一成不变！绘画永远是那种类似中国“工笔重彩”的单线平涂，雕刻世代相袭的是那种“正面律”以及“凹浮雕”的手法；人物造型则像恪守着金科玉律一般，由始至终固定那种身体两次九十度扭转的奇特样式。程式化成了符号化，鲜明化变成了简单化。这千古不变也许来自对传统的崇拜，也许为了维持王权所必需的思想上的一脉相承，艺术便墨守成规。正像木乃伊那样，以永不腐败和亘古不变来追求永恒。为此，在法老时代结束后，古埃及的文化就永远辉煌地静止了。这一切，既是五千年前曾经的梦想，也是今日和未来瑰丽的梦想。当本世纪欧洲人将这些掩埋在浩瀚黄沙下灿烂的文明发掘出来时，我们想到了什么？

凹浮雕

法老像

我们为古埃及艺术曾经那种伟大的超越啧啧赞叹，钦佩不已；却也为他们不再超越和永驻过去，深切地感慨和惋惜。尤其在我们面对这些遥远和奇妙的人物造型与凹浮雕时，我们的思索一再追问，古埃及文明的失落，到底是艺术本身犯了错误，还是法老时代王权意志制造的这一文化悲剧？

# 纸莎草和最古老的纸画

世界上最古老的纸画在哪里？

我想，绝大多数中国人都会不假思索地说："在中国！"

但这个回答的来源并非一种史实，而是一种印象。原因有二：一、纸是中国的四大发明之一，始用纸作画者当属国人；二、中国人在元代以前基本上是用帛和绢作画，只有苏轼和文同少数几个人展纸一试，这是读过艺术史的人早已明白的常识。故而中国人沾沾自喜地认定自己是纸画的鼻祖。

其实，早在1898年，考古学家们就从开罗附近法老的墓葬品中，发现绘制精美的纸画了。这些纸画距今至少有五千年，也就是五十个世纪！遗憾的是，过惯了幽闭生活的中国人对此却一无所知。

古埃及人这种纸画所采用的纸，与我国东汉宦官蔡伦用树皮和麻布做原料来制造的纸完全不同，它是直接取自尼罗河三角洲生长的一种水草，名叫Papyrus，一译纸莎草，一译纸草。这种草丛生着修长的叶子，中间伸出一根根大拇指粗的很长很长的茎秆，最长达五米，顶端开花，状似灯心草。古埃及人便用刀割下这茎秆，切成一段段，削去绿

纸莎草

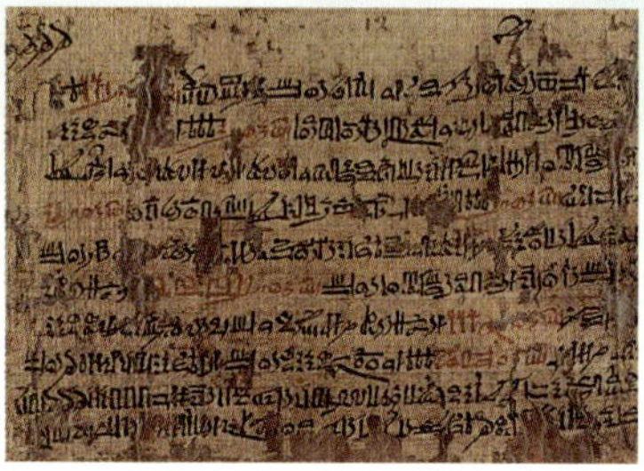

纸莎草书法

色的外皮，再将里边甘蔗一般白色的茎心切成极薄的片儿，浸泡在水中；六天之后取出来，用圆形木棍擀去茎片里的水分和糖分，以防生虫，然后把这些薄薄的茎片像编竹席那样编成一片片，放在重物下轧平，便成了一种草制的纸，也称纸莎草纸，或草纸。这种草纸光洁柔韧，富有弹性，纸面上有草茎的纤维经纬交织，非常美观。而且纸莎草纸经过编织与粘接，可以很大。在出土的纸莎草纸中，最长的竟有四十米。它的使用价值也就很高。

自从古埃及人发明和创造了可以书写和绘画的纸莎草纸，致使他们的文化更加灿烂辉煌。他们的生活、事件、思想、宗教，得以记载下来。历史有了记录，文化有了积累，终于也有了珍贵的文献传之后世。古埃及的象形文字和祭司体文字都必须由一种具有高度书写才能的书记官来完成，这些书写在纸莎草纸上的古代书法，还是美轮美奂的艺术品。同时，富于才华的古埃及人，又将他们画在石壁上、泥板上和陶片上的美丽的图画，搬到纸莎草纸上来。由此而诞生的纸画便成了古埃及艺术最富魅力的形式之一。

纸莎草纸天然是一种棕色，或深或浅，偏黄偏红，很像我国古画年深日久之后那种颜色，古雅又柔和。古埃及最早使用的书写墨水是黑色与红色。红色如同砖红，黑色相当于中国的墨色，用以勾勒形象轮廓。古埃及的纸画以线描为主，线条中没有情绪，力求勾画准确；线条中间平涂色彩，这些颜料都是使用动植物和矿物的原色，故而绚丽明朗，富于装饰意味，与早期中国工笔重彩十分酷似。还有，他们使用的笔也是用这种草茎削成的，茎秆柔软，因此线条很少尖锐锋利，也缺少中国的毛笔那样丰富的变化与表情。然而，艺术总是在限定中创造自己。为此埃及的绘画才分外的简洁、凝重和古朴。

世界上一切民族的形成、存在和繁衍，都离不开水的恩泽。对于几乎整个被黄沙覆盖的埃及，尼罗河里流淌的全是圣水。蓝幽幽的波涛冲开茫茫沙海，并在它两岸硬催发出生命的绿。它不仅给埃及人带来果腹的食粮和遮体的衣棉，还滋养出这种使埃及文明大放异彩的纸莎草。他们的纸和笔全来自这种奇妙的草呵！埃及人感激上苍的这一恩赐。纸画中便常常可以看到被他们奉若神明的纸莎草的形象与图案，连卢克索神庙巨大石柱的柱头，也雕刻着绽开的美丽的纸莎草花……在举世闻名的吉萨金字塔不远的一家专门制作纸莎草画的画店里，一位年轻的姑娘切断一根纸莎草的茎秆，她让我看看这茎的剖面，竟是三角形的。她说：“瞧，金字塔！”她的眸子像星星一般发光，她为这天生如此神奇的纸莎草感到自豪！

古埃及的文化在阿拉伯征服后渐渐消失，纸画也随之消亡。直至1798年拿破仑的军队入侵，古埃及的文明便被重新发现并由此惊动了欧洲。一百多年来，随着西方考古学家蜂拥到达埃及，发掘法老墓葬，纸画才得以重见天日。但此时它仅仅是珍奇的历史文物，古老的造纸技术却久已失传，世无人知了。

纸莎草画《胡奈夫度亡经》（前1275年）

幸亏近代有个名叫哈桑·拉杰布的埃及人。他在1956年5月中埃建交后曾任埃及驻华大使，并与周恩来一辈领导人情谊笃深。拉杰布对古代的纸莎草纸有特殊兴趣。1968年退休后，潜心研究纸莎草纸制造技术，并终于找到了古人的方法，货真价实的纸莎草纸重新被仿制出来。他还将古埃及的绘画成功地再现在纸莎草纸上。阔别久矣的纸画重

获新生。如今在埃及已经可以买到这种绘制精美、风情别样的纸画了。

从公元之始，随着法老时代的结束，纸莎草纸的制造中断了两千年。这期间正是中国的造纸技术通过丝绸之路传到了西亚、近东和欧洲，其中也包括埃及。古埃及的造纸是把植物直接捶压成纸，古中国的造纸却是将树皮和麻布漂洗和粉碎，先制成纸浆，再造为纸。在原理上它们的相同之处是，都利用了植物的纤维；不同之处是，一个对原料直接利用，一个分解和再造。应该说，古代人类的造纸有两个源头，分别是埃及和中国。由于古埃及历史中断，造纸技术一度失传，对人类文化的发展则失去影响；中国的历史却延绵不断，造纸技术传布世界。近代世界的造纸的原理便源于中国。

尽管如此，尽管古埃及的纸莎草纸非常原始，但它毕竟是人类最古老的纸。那么埃及人画在这种纸上的画，也应该被认为是最古老的纸画了。说到此处，且不知道这种观点，何人和之，何人否之？

# 意大利断想

一个东西方文化交流史的盲点深深吸引着我：丝绸之路的东端是中国，西端是意大利，这两端恰恰都是光辉灿烂的美术大国。通过这条世纪前就开通了的丝绸之路，东西方把他们各自拥有的布帛、香料、陶瓷、玻璃、玉石、牲畜等彼此交换；中国人制造丝绸的技术至迟在7世纪就传到西西里，但为什么独独在美术方面却了无沟通？

我曾面对洛阳龙门石窟雕刻的那“北市香行社造像龛”一行小字发呆——在唐代，罗马的香料已被妇女作为时髦物品，为什么在这浩大的石窟内却找不到欧洲雕刻的直接影响？

在16世纪，当米开朗基罗等人叮叮当当把他们的激情与想象凿进坚硬的石头，中国人早已告别石雕艺术的时代；如果马可·波罗把霍去病墓前那些怪异的石兽运一个回去，说不定意大利文艺复兴运动就会以另一景象出现。而当聚集在佛罗伦萨和威尼斯的画家们，用无与伦比的写实技术在画布上创造出一个个活生生的人物时，中国画家早就从写实走向写神，以幻化的水墨，随心所欲地去表达内心非凡的感受。当然，意大利画家也是从未见到过这些中国画家的作品。直到18世纪，郎世宁来到中国时，东西艺术已全然是两个世界了。

比较而言，西方艺术家尊崇物质，东方更注重自己的精神情感。由此泛开而说，西方人一直努力把周围的一切一点点儿弄清楚，东方人却超乎物外，享受大我。一句话，西方人要驾驭物质，东方人要驾驭精神。经过十数个世纪，西方人把飞船开到月球，东方人仍在古老的大地上原地不动，精神却遨游天外。

东西方文化具有相悖性。

相悖，才各自拥有一个世界，自己的世界对于对方才是全新的。人类由于富有这东西方相悖的两种文化，它才立体，它才完整。

最大和最完整的事物都是两极的占有。

现在看来，丝绸之路主要是一条贸易通道。对于文化，它只是在不自觉中交流了文化，而不是自觉交流了文化。

正因为如此，东西方艺术便在相互独立的状态中形成了自己的一套。幸亏如此！如果它们像现代社会这样在文化上互通有无，恐怕东西方文化早就变成一只黄老虎和一只白老虎了。

我联想到现在常常说到的“文化交流”这个概念，并为此担虑。文化交流与科技交流本质不同。科技交流为了取消差距，文化交流只能是为了加大区别。谁能够做到这些？

文化是有个性的。文化的全部价值都在自己的个性里。文化相异而并存，相同而共失。因此，文化交流不是抵消个性，而必须是强化个性，谁又能这样做？

可是，天下有多少明白人？弄不好最终这世界各处全

威尼斯圣马可教堂

都是清一色的文化“八宝饭”，或者叫“文化的混血儿”。

与别人不同容易，与自己不同尤难。比如这三座同为意大利名城的罗马、佛罗伦萨和威尼斯——

罗马依旧有股子帝国气象。好似一头死了的狮子，犹然带着威猛的模样。这恐怕由于它一直保持原帝国都城的规模和格局，连同昔时的废墟亦兀自荒凉着，甚至那些古老建筑的碎块，遗落在地，绝不移动。原封不动才保住历史的真实。从来没有人提出那种类似“修复圆明园”的又蠢又无知的主张。建设现代城市中心则另辟新区。对于一个城市的文化史来说，死去的罗马比活着的罗马还要神圣。

罗马的美，最好是在雨里看。到处的中世纪粗大笨重的断壁残垣在白茫茫雨雾中耸立着，那真是一种人间神话。我从斗兽场出来，赶上这样的大雨，小布伞快要给雨水浇塌，正在寻求逃避之路，陡然感到自己竟是站在历史里。那城角、券洞、一根根多里克或科林斯石柱、一座座坍塌了上

佛罗伦萨文艺复兴风格的教堂

千年的废墟，远远近近地包围着我；回头再看那斗兽场已经被雨幕遮掩得虚幻模糊，却无比巨大地隔天而立。一时分不清自己是在罗马的遗迹里还是在罗马的时代里。它肃穆、雄浑、庄严和神奇……这独特的感受是在世界任何地方都不曾得到的。古建筑不是死去的史迹，而是依然活着的历史的细胞。如果失去这些，我们从哪里才能感受真正的罗马的灵魂。

我痴迷立着，任凭大雨淋浇，鞋子像灌满水的篓儿。

然而，这种罗马气象在佛罗伦萨就很难看到了。佛罗伦萨整座城市干脆说就是文艺复兴时期的象征。从乌菲齐博物馆二楼长廊上的小窗向外望去，阿尔诺河的两岸连同那座廊式老桥的桥上，高高矮矮一律是文艺复兴时代红顶黄墙的小楼，在湛蓝湛蓝的天空与河水的对比下，明丽而古雅。比起罗马时代，它轻快而富于活力；比起后来的巴洛克时代，它又朴素和沉静。看上去，佛罗伦萨是拒绝现代的。也许由于文艺复兴时代迸发的人文精神仍是今天欧洲精神的支柱和源泉，它滔滔汩汩，奔涌不绝。人们既把它视为过去，也作为现在。佛罗伦萨是文化的百慕大，站在其中会丧失时间的概念。

黄昏时在老街上散步。足跟敲地，好似叩打历史，回声响在苔痕斑驳的石墙上。还有一人的脚步声在街那边，扭头瞧，哎，那瘦瘦的穿长衣的男人是不是画圣母的波提切利？

比起罗马与佛罗伦萨，威尼斯散发着它独有的浪漫气质。这座在水上的城市，看上去像半身站在水里。那些古色古香建筑的倒影都被波浪摇碎，五彩缤纷地混在一起晃动着。入夜时，坐上一种尖头尖尾的名叫“洪都拉”的小

庞贝遗址

罗马古城俯瞰

船，由窄窄而光滑的水道穿街入巷，去欣赏这座婉转曲折的水城每一个诗意和画意的角落，不时会碰到一些年轻人，船头挂着灯，弹着吉他，唱着情歌，擦船而过。世界上所有傍河和临海的城市都有种开放的精神，何况这水中的威尼斯！在金碧辉煌的圣马可广场上，成千上万的鸽子中间有无数从海上飞来的长嘴的海鸥……

城市，不仅供人使用，它自身还有一种精神价值。这包括它的历史经历、人文积淀、文化气质和独有的美；它的色调、韵律、味道和空间环境；这一切构成一种实实在在的精神，这城市人的性格、爱好、习惯、追求、自尊，都包含其中。城市，既是一种实用的物质存在，也是一种高贵的精神存在。

你若把它视为一种精神，就会尊敬它，珍惜它，保卫它；你若把它仅仅视为一种物质，就会无度地使用它，任意地改造它，随心所欲地破坏它。一个城市的精神是无数代人创造积淀出来的。一旦被破坏，便再无回复的可能。失去了精神的城市该是什么样子？

我忽然想到今年年初到河南，同样跑了三座东方古城：郑州、洛阳和开封。

这三座古城对我诱惑久矣。谁想到一观其面，竟失望得达到深切的痛苦。

哪里还有什么“九朝古都”、“商城”和“大宋汴京”的气象，这分明是在内地常见的那种新兴城市。连老房子也多是本世纪失修的旧屋。郑州那条土夯的商代城墙，被挤在城市中间，好似一条废弃的河堤；从历史文化的眼光看，洛阳的白马寺差不多像个空庙；开封那花花绿绿新建的宋街呢？一条只有十年历史的如同影城中的仿古街道，能给人什么认识与感受？是一种自豪还是自卑感？

不要拒绝拿郑州、开封、洛阳去和罗马、佛罗伦萨、威尼斯相对照吧，我们这三座古城和中原文化曾经是何等的辉煌！

在梵蒂冈，最令我激动的不是《拉奥孔》与《摩西》，不是拉菲尔的《雅典学院》和达·芬奇的《圣徒彼得》，而是西斯廷教堂穹顶上那经过长长十二年修复后重现光辉的米开朗基罗的壁画。

这人类历史最伟大也最壮观的壁画，使西斯廷教堂成为解读神学和展示天国景象的圣殿。然而自从16世纪的米开朗基罗完成这幅壁画，历经五百年尘埃遮蔽，烛烟熏染，以及一次次修整时刷上去的防止剥落的亚麻油，这些有害物质使画面昏暗模糊，失去了往日的光彩。

从本世纪60年代起，梵蒂冈博物馆的克拉路奇教授和他的助手将壁画拍摄成七千张照片，进行精密研究，并选择了两千个部分做了修复试验，终于确定方案，自1982年到1994年展开了本世纪最浩大的古代艺术的修复工程。终于使得米开朗基罗以非凡的才华叙述的这个天国故事，好似拨云见日一般再现在人们的仰视之中。我们头一次如此透彻地读到了世间对神学的最权威和最动人的解释，也如此清澈地看到了米开朗基罗出神入化的笔触。在此之前，谁能想到那画在高高穹顶上亚当的头部，竟然这样轻描淡写？而描绘《末日审判》中基督的脸颊，居然大笔挥洒，总共只用了三笔！倘若不是这次修复，我们怎能领略到这个艺术大师如此非凡才华的细节？

请注意，修缮西斯廷教堂壁画的原则，既非“整旧如新”，也非“整旧如旧”，而是一个新的目标：整旧如初。

整旧如新，即改变历史面貌地粉刷一新；整旧如旧，虽能保住历史原貌，但对那些残破的古物，只能无奈地顺从时光磨损，剥落不堪，面目不清；而整旧如初，才是真正回复到最初的也是最真实的面貌。

这种只有靠高科技才能达到的“整旧如初”，是古物修复的历史性进步。它终于实现了先人的梦想：复活历史。

可以相信，如今我们仰望西斯廷教堂穹顶的壁画时，就同1511年米开朗基罗大功告成时的情景全然一样。

我们享受到了历史的艺术，也享受到了艺术的历史。

在米兰，也在以同样的目标修复举世闻名的达·芬奇的壁画《最后的晚餐》。这个将历时七年的修复工程是开放式的，使我们得以看到修复人员的工作方式。

由于达·芬奇当年作画时不断更换和试用新颜料，这幅壁画尚未完工就开始剥蚀，如今它已成为世界上残损最重的壁画之一。此刻，技术人员站在画前的铁架上，以每一平方厘米为单元精心修饰。粗看这些技术人员一动不动，好似静止；细看他们的动作缜密又紧张，犹如外科医生正在做开颅手术！

然而，说到最令我震动的，却不是在这些艺术的圣殿里，而是在街头——

居住在佛罗伦萨那天，晨起闲步，适逢一夜小雨，拂晓方歇，空气尤为清冽；鸟声也更嘹亮。此时，忽从高处掉下一块墙皮，恰有一位老人经过，拾起这墙皮。墙皮上似有彩绘花纹，老人抬头在那些古老的房子上寻找脱落处，待他找

意大利刻意保留古墙上每一个历史信息

到了，便将墙皮工工正正立在这家门口，像是拾到这家掉落的一件贵重的东西。

我不禁想，如果这事发生在我们的城市里，谁会这样做？

我对一位朋友说起这事。当时我的情绪有些激动。我的朋友笑道："你的精神是不是有点奢侈？"

我一怔，默然自问，却许久不得答案。

# 重光西斯廷

一座古老建筑，年深日久，斑驳剥落，面目不清，怎么办？古人的办法是推倒重建，或者添砖加瓦，换门换柱，壁画重绘，雕像重刻。这办法美名曰“旧物重光”。实际上就是现在所说的：整旧如新。

说老实话，古人对待事物，多以实用为目的，缺少文化观点。对于古迹，无论拆掉重建，还是涂抹一新，都是为了应用。完全不管其中历史文化的内涵。这种整旧如新的做法，由古至今，一直延续到近代。呜呼，几乎泯灭了地面上一切可见的历史！

及至近世，这观点才有了变化。人们从中觉醒，开始认识到古迹的残损斑驳，正是度月经年、历尽沧桑所致。这是一种历史的凭证，也像古迹本身一样不可复制。倘若将这斑驳的意味除去，谁还能证明它是古迹？而且这斑驳含混中，还有一种悠远的风韵。时间愈长久，韵味愈醇厚。它还是种独特的审美内容。

这看法引出一种整修古迹的新标准和新原则，就是“整旧如旧”。

在古代，较早运用这一标准的是古画揭裱。但在修复古迹方面却是直到近代才开始觉悟和启用的。

整旧如旧只加固古物的结构，使其牢固耐久，但对其古老面貌原封不动，甚至加倍珍惜那些具有历史感的痕迹与细节。这样，不仅古迹得以保护，历史也受到尊重，被摆到神圣而不可侵犯的位置。

整旧如旧原则的提出，并得到公认，表明人类终于以文明的方式对待自己的文明创造。

然而，在意大利刚刚竣工不久的梵蒂冈西斯廷教堂壁画的整修工程，却进入了一个更高的境界。

画在小小的西斯廷教堂穹顶与墙壁上的壁画，是文艺复兴时期的艺术大师米开朗基罗的传世名作。它完成于遥远的16世纪初。五百年来，由于尘埃蒙蔽，烛烟熏染，再加上一次次整修时为了防止剥落而刷上去的亚麻油日久变黄，画面早已昏暗不清。长久以来人们对这悬在顶上的天国图画，一半依靠想象。

梵蒂冈博物馆早在20世纪60年代就开始对壁画进行探测。技术人员将画面分成七千余块拍摄下来，采用高科技手段精密研究，再选择两千个部位做修复试验，直到80

西斯廷教堂，中为米开朗基罗的壁画《末日审判》

《创世纪》 1508—1512年 米开朗基罗

年代初才彻底弄清这举世闻名的壁画最初的模样，以及覆盖画面那些有害物质的成分，最后才确定了修复方案。由1982年到1994年，进行了历时十二年本世纪最浩大的古代艺术的修复工程。

当1994年5月8日修复工程告竣，西斯廷教堂举行盛大弥撒作为庆典，人们仰望修复后的穹顶壁画时，都确信这色彩鲜丽、光芒四射的画面与当年米开朗基罗完成它时全然一样！这人世间对神学最动人的解释，这彩色的天国故事，这形象的精神圣殿，重新焕发出巨大的理性的感染力。特别是人们第一次如此清晰地看到了米开朗基罗出神入化的笔触，更为其冠绝古今的才华所倾倒。倘若不是这样的修复，谁能相信他所描绘的亚当的那个著名的头颅，竟然如此轻描淡写，一挥而就？而《末日审判》中基督那情绪沉郁的面颊，总共只用三笔！

你会问，是谁复活了米开朗基罗？

我想，只有用这一标准才能达到如此境界，那就是：整旧如初。

整旧如新是消灭历史；整旧如旧是保存历史；而整旧如初是回到历史原貌。然而这最艰难。一处古迹，历经千百年，谁知它最初的模样？这宛如从一张苍老的脸上去找回它失去的青春。但对于高科技现代已经不再是梦想了。

从最早的整旧如新，到后来的整旧如旧，直到当代的整旧如初，人类在如何对待自己的文明创造上，也在一步步前进。而整旧如新是无视自己的历史文化，整旧如旧是懂得珍惜自己的历史文化，整旧如初才表现出人类对自己文明创造的无比自豪和崇仰。

人类的生活不仅是现实和未来，还有过去。一切属于历史的事物，都是人类的成果、收获、见证和永恒的财富。历史是神圣的，因为人类能够创造未来，却无法更改历史；历史又是活着的，因为它既影响未来，又充实和丰富着我们的现在。那么，整旧如初作为一种崇高的追求，正是可以满足人们这种具有理想境界的文明自享。

# 原作的力量

我在意大利观瞻艺术史上那些杰作时，获得一种体验：尽管这些作品我曾经从画册里数百次地看过，熟悉得几乎能背出每一个微末的细节，但是一旦面对原作，仍然会像被雷电击中那样强烈地受到震撼。

尤其是在佛罗伦萨的“学院画廊”那个淡绿色拱顶的大厅里，看到米开朗基罗的《大卫》时，它体积之大完全超出我的意料。我一直感觉他和真人一般大小，不料竟三倍地高于常人！我仰视这个以色列年轻的勇士，心中有一种被征服感，我从自己身上找不到一种力量可以超越它。显然，这征服力不单单来自他强大的刚毅的精神与凛然之气，还来自这巨大的体积。过大的尺度是对人物的力量与气势的加倍夸张，也是对观赏者自我感觉的强行压缩。崇敬之感缘此而生。于是，这《大卫》的原作使我一下子明白一个道理：原作的尺度实际上是艺术家创作时情感的宽度与强度。好的作品绝不是可大可小的。或者说，尺度体现着创作时的状态，它要求得十分精确，不能放大也不能缩小。从画册里那种缩印成巴掌大小的大卫身上，绝对不能获得面对原作的这种震撼。当然，如果把宋人小品放大成宏幅巨制，原作中那

种“咫尺万里”的奇妙而悠远的境界也就荡然无存了。

然而原作的意义，不只是体现在它的尺度上。

艺术家的创作，就其本质，是一种灵魂再现和生命再造。我们还没有一种仪器，可以观看到艺术家痴迷于创作时，他和他的作品如何神奇地进行着一种生命转换。所有鲜活的色彩都是艺术家情感的张扬，一切笔触无不是他们倾心的诉说。在创作过程中，作品一直被他们的精神所照射，最终它饱和并放射出艺术家这种心灵之光……在维也纳百乐宫里，埃贡·席勒的原作令我感受到从未有过的震栗与悲凉。伴随着他笔下那种一贯的、痛苦的、抽搐而变形的人物，满幅画面全是紧张的短线和急促的皴擦的笔触。这笔触粗糙、坚硬，岩石一般崚嶒，仿佛至今还带着作画时用力的声音。这声音分明不是来自画笔，而是他的心在画布上苦楚和带血地摩擦。正因为这样，从中我们不是听到了这位终生都在表现人生苦难的短命大师凄厉的呼嚎吗？但是，后来我在一本印制得异常精美的画册中再看到这幅画时，无论如何也找不回原作所给予我的震栗感了。奇怪！细看这精印的画面，一切线条、色彩、细节，一如原作，什么也没丢掉，为什

《大卫》 1501—1504年　米开朗基罗

么独独失去了原作中那种催动人心的力量？

同样，面对着罗丹的名作《吻》，凝视着那一对恋人的嘴唇尚未接触到的缝隙里，任何人都会感受到一种激情、一种痴迷、一种诱惑，还有呼吸的气流以及温度，但拍下照片再看，这些迷人的感觉竟然十分蹊跷地消失了。

印刷、拍照、录像，都是复制。复制只能再现作品的外貌，无法表现原作的生命。生命是创造出来的，永远不能复制出来。艺术家用生命创造生命，用灵魂铸造灵魂，当他完成一件作品之后，便把一部分生命留在原作里，这生命可感可知。一旦把它们拍成照片，印刷出来，尽管表面的一切依然如故，但它的质感、量感、触感，以及所有活生生的生命感觉便全然失去。立体变成平面，尊贵变为廉价；灵魂被抽去，生命被泯灭，徒具形骸。

这样，我的体验告诉我：

艺术的力量，说到底是一种生命的力量。

它保留在独一无二的原作里，这也就是惟原作才富有的力量。去画廊、去博物馆、去艺术品展览会看原作吧！

你想真正认识一个人，就不能只看他的照片。

仰望大卫

# 离我太远了·第四章

# 穿西服的日本人

人，由于好奇而关注。

在中国人好奇而关注的世界里，不包括日本。日本对于普遍中国人来说，是没有新鲜感的。

对于那些文化学者，几乎没人将中国与日本做比较性研究。最热门、最畅销的题目还是东西方文化的比较。因为，东西方之间最具相对甚至相反的性质；捉对成双，进行比较，也最易寻到各自文化的形态与精神。在文化学者的眼中，世界分成东方和西方，犹如人类分成男人和女人。双方之间，对方总是神秘的、新鲜的、充满诱惑的。相反的文化才看得清楚，才引起兴趣，才是一种补充而去吸取。那么日本呢？日本与中国，好似男人与男人或女人与女人，有一种同类感。这是中国对日本的文化感觉。

在中国人眼里，日本人与中国人何其相似，一样地用筷子吃饭，拿毛笔写字，以茶水为饮料，甚至还使用大量的汉字。再看看面孔 —— 黑眼睛、黑头发、黄皮肤；看眼神似乎就知道对方想的是什么。在中国人和日本人之间，往往

《速写日本人》 2000年　冯骥才

必须张口说话，才能分辨出是否是自家同胞。日中交流了数千年，正因为“一衣带水”，隔海相望，舟船往来，互通有无。东方世界中，再没有其他国家像中日这样有着如此深切的文化血缘。没有去过日本的中国人，大都懵懵懂懂把中国文化当做一种“母文化”，把日本文化当做一种“子文化”。中国的文化是鸡，日本的文化是鸡蛋。中国人何须再向日本多看一眼？对于当代的中国人来说，日本使中国人眼羡的，大概只有经济实力、科学水准和家用电器；中国人应向日本人学习的，大概也只有尖端技术、企业管理和殷勤备至、“多多关照”式的服务态度了。哪还提到甚至想到文化？老师还需要向学生学习什么。

这真是天大的误会，也是天大的误解。

日本不仅是东方的一个经济强国，也是东方一个文化古国。日本文化在它的哺乳时期，曾经从早熟的、强健的、饱满的中国文化肌体中，大口大口吸吮过乳汁。但是早在一千年前的“平安时代”，日本就将巨大的中国文化消化在自己强劲的胃里，形成了举世无双的洋溢着大和民族精神的日本文化。

笔者一直对“日本的文化形态”和“在东西方关系上中日观念之不同”这两个题目抱有兴趣。中国学者历来爱谈中西的不同与中日的相同，何不反过来，从背面上看一看中西的相同与中日的不同？

1993年深秋和1994年盛夏，笔者有幸两次访日。前次应日本国际交流基金会之邀，飞越沧海，赴东瀛作文化考察；后次承朝日新闻社主办“冯骥才现代中国画展”，再抵扶桑，亦一文化交流。笔者在这浮出太平洋弯月形的群岛上四处浏览之时，留心察看，着意思索，感受殊深。那便是闪烁在其经济状态表层之下的强劲的独一无二的文化精神。

这精神表现在，它如何融入了中国与西方两种文化，又最终实现了日本化。在中国的唐代之前，几乎“全盘汉化”；

明治维新之后，又几乎“全盘西化”。最终它既没汉化，也没西化，却一再地强化了自己。虽然它兼容着东西两种文化，但无论是西方还是中国都无法与其认同，这就保证了它无可替代的存在价值。令笔者惊讶的是，如今这种文化精神在日本无所不在，日本人依然贪婪地吸收着东西方乃至全世界各种文化。一位日本朋友问我：

“日本最大的力量是什么？”

“是日本化。”我说。这是我对日本精神的结论。

这日本化，是一种文化。不是文化形态，而是一种文化精神。

当代中国需要向日本学习经济技术，更需要学习这种文化精神。这种精神也是笔者访日期间努力寻找和探究的，当然也是引起本书写作的理由。

出版人问我，该给本书起怎样一个恰当又易畅销的书名？

笔者想起第二次赴日，住在神户临海的大仓宾馆。那日正逢假期，一群年轻人在宾馆的礼堂宴厅举办婚礼。按照当今日本人的习惯，前来祝贺新婚的宾客，妇女们依旧着装和服 —— 上了年纪的妇女梳圆髻，年轻姑娘将头发精妆成钵状的“岛田式”发型。衣裙华美，古香古色，腰间带子讲究地打着“太鼓结”，脚下蹬着足袋和木屐，行走如挪，小步蹒跚，煞是娇美。有趣的是，来宾中的男人不穿和服，一律黑色西服，打着银白色领带。女人是东方传统的，男人是西方外来的，居然配套，也很和谐。这表现明治维新以来的社会风气 —— 男人属于社会，容易接受外来事物；妇人们属于家庭，固守着传统的生活方式。这样一双双男女，进进出出宾馆大厅，庄重、典雅和谐调，这也是日本文化形态的一种迷人的象征吧。

尤其这些男人，身上虽着西装，脑袋里的思维方式却是日本的。分手告别时，依然行着日本礼节，频频鞠躬，每躬必腰弯九十度，银白色的领带闪闪下垂，来回晃动，无论在欧美还是中国，哪里还有这样的形象？唯日本耳。故此，我说书名叫做：穿西服的日本人。

【篇尾小记】

这篇短文原是想“以文代序”，放在一本随笔性的关于中日文化比较的小书的前边。此文中表达了我的一种思考，即长期以来我们误把中日文化看做同类，把东西文化视为异类，甚至将中日文化当做母文化和子文化；其实“一衣带水”的中日文化有着深刻的不同——表象相近乃至相同，人的深层的意识、观念、心理却常常相反。我对这一主题的挖掘与文化比较的方法十分着迷，进而还想探究日本人的集体无意识。但此文写过，未及开笔写作，却因当时中日的冲突扰了我写作的心境，停下笔来，这篇短文也被久久地搁置一旁。今日翻出来看，当初的想法依然颇有新意和独自的见识，故将此文收入书中，是为记焉。

# 奈良的味道

如果到奈良东大寺拜观日本最大的佛，先要和鹿儿打交道。离寺门远远的，就见到三三两两的鹿儿站在道上，与游人相戏。还有些大大小小的鹿儿趴在道边歇憩，倘若从小贩那里买一些饼干似的又薄又脆喂鹿的面饼，就会招得鹿儿上来索食。性急的鹿儿常常用又圆又硬的鼻尖，顶你的肚子或腰眼，向你讨要。那可不怪它们，是你去招的它们！待面饼散尽了，手上遗留食物的香味，难免还会引得鹿儿一路尾随，直至山门。大概是山门左右两尊八米高威严下视的金刚大力士把它们吓住了，才放你脱身。如果你回头瞅一瞅，鹿儿停在高高的台阶下，眼巴巴望着你。往往还会有一只跟着吃残渣的鸟落在这鹿儿的背上。

奈良的鹿儿给人的感觉很好。它叫你忘掉城市，想到大自然，幻觉出遥远的历史图像，触摸到早已消失的时光。奈良太老了。对于日本人的历史，它是京都的父亲。它先是七代天皇的驻地，此后皇城才迁抵京都。这座建于公元8世纪的平城京，完全按照中国长安的模样，红门白墙，青瓦绿树，几乎把长安搬到这里来。然而时间乒乒乓乓过了一千多年，长安经过无以数计的战乱与革命的洗礼，如今面目全非；奈良躲过“二战”的轰炸而依然风韵犹存。

这是一块地面上的活化石。一个不死的历史。

我喜欢奈良，并非它像中国的过去，也不是由于它那尊的确博大恢弘、光芒四射的大佛，而是因为它整座城市都有一种浩然之气，一种旷古的时代感，一种略带荒凉的野味，一种被人遗忘了的气息。

天然的饮水池

奈良东大寺

这可能与奈良的历史有关。当年作为皇都的平城京，是一座“没有市民的城市”。只有皇室贵族和官员僧侣，以及他们使用的奴婢仆从、工匠耕农。没有一个自由市民，也没有民居与市井。如今遗存的古迹之间，一如当年都是荒草野林，奔鹿飞鸟。日本人很会保护自己的过去。不占有这些空间，不让“现代”肆狂无忌，而让历史在原来的位置上尊贵地活着。

在奈良看不见一座玻璃幕墙的高楼大厦。

古建筑的一切木质构件上的色彩，大都脱落，任其斑驳，绝不刷新。没有旅游的味道，没有讨厌的金钱欲望在作祟，连刻意保护的痕迹都隐藏起来。来到奈良才像走进日本的历史。奈良是个时间隧道，在这里，人们凭着各自的历史知识与素养，在想象中复活昔时的图景，再将自己置身其

樱花与鹿

间，历史便变得无比崇高。

朋友们问我在奈良的感觉。

我说：“在古迹中最好的感觉是，忽然自己不是局外人了。”

如果再过一千年，奈良依然是这个样子，那它将是地球上最美的城市。

# 细雨品京都

牛毛细雨绵绵密密洒落京都。这向例宁静的千年古都，多了雨声，只有雨声。偶有风来，吹飞雨点，在光亮的地方晶晶闪烁地飘舞。伞儿必须迎风撑着遮雨。日本人身小，伞儿也小，雨点儿、我的衣服，凉滋滋贴在皮肤上，给游览古迹带来诸多不便。糟糕……可是，一仰头，重峦叠翠，烟雾空濛，清水寺的山门宝塔就立在这之间。日本的塔尖，修长似剑，在细雨霏霏中更显峭拔之势。此时，隔过山谷，飘起一缕轻岚，在空谷中白纱一般地游动，使人想起喜多郎的声音。这缕轻岚，正好从山那边耸立的一座橘色琉璃佛塔前飞过，佛塔一点点模糊又一点点清晰出来，烟岚飞去，塔身竟像给拭过那样洁净光亮……其实这是雨水的反光。在金阁寺里我发现，那雨中镀金的金阁反比阳光下的金阁更加夺目，景象真是奇异。还有花草松竹，给雨水一洗，更艳更鲜更亮更香，而花味草味松味竹味，似乎也更加清新醉人。是来自苍天的雨激发出大地万物的生命气息吗？

金阁寺一株六百年的古松，被园林艺人修葺成船的形状，名为“松之舟”。当年列岛上一无所有，最早的一切都是渡海从朝鲜和中国学来的，船就成了日本人的崇拜

物。如今它所有松针都挂满雨珠，珠光宝气，倒像一只珍珠船……我想到去年来此，秋叶正红，一些精美娇艳的红叶落在这松船上，我还对同行的一位日本朋友说，应该叫“枫之舟”。如果冬日里它落满厚厚的一船白雪呢？日本大画家的名字“雪舟”两字，忽然冒了出来……

最美的景色，便在任何时候都是美的，无论仲春或残秋。好似一个女人，无论青春年少还是银丝满头，她都美。真正的美是一种气质。那么——

京都的气质呢？

这座至今整整有一千二百年历史的昔日都城，从皇室故宫、豪门巨宅到庙宇寺观，举目皆是；国宝文物，低头可见。如果导游向你介绍这些古迹古物的由来与传说——他手指的地方，几乎每移动一尺，就能讲出长长的一个故事。但死去的时光并不能吸引我。使我着迷的，是分明有一种东西，一种活着的、长命的、深切的东西，渐渐感到了，它是什么呢？

走出大云山龙安寺，穿过夹在竹栏间的砂石小径，低头钻过低垂下来的湿淋淋的繁枝密叶。陪同我们的朝日新

闻社的村瀚聪先生和町田智子女士，引我们走入一处庭院。临池倚树是一间精雅的房舍。我们坐在清洁的榻榻米上，吃这家小店特有的煮豆腐，享受着传统生活的滋味。窗扇半开半闭，可见院中怪石修竹，野草闲花，以及它们在池中的倒影。一只巴掌大的花蝶，一直在窗外的花丛上嬉舞，时飞时憩，亦不飞去。好像经过训练，点染风光，以使游人体味到千百年前京都贵族高雅悠闲的生活意趣。日本人对自

京都一景

己的历史尊崇备至，砂锅煮豆腐如今改用电炉丝加热，电门却放在暗处，好让游人的全部身心全都沉湎于历史中。这样我就找到京都的魅力了吗？

近黄昏时，町田智子问我：

“你们想到什么地方用餐？”

“当然是日本馆。中国餐可以回国后天天吃。希望是地道的京都小馆。”

撑着伞走进一条湿漉漉的老街。掀开日本式的半截的土布门帘，进了一家小馆。这种日本民间小馆，一切风习依旧，愈小愈土，愈土愈雅。从文化的眼光看，愈土才愈富有文化的原生态和文化的意味。

进门照例是脱鞋，穿过纸糊的方格隔扇，一屈腿坐在清凉光滑的竹席上。跟着是穿和服的妇女端上陶瓷和大漆的餐具，放在矮腿的小台桌上。但这一切不是旅游性质的仿古表演，不是假模假样的旧习俗的演示，而是千百年来传衍至今的不变的过去。

中国菜讲究“色、香、味”，日本菜讲究“色、形、味”。变了一个形字，日本饮食文化的特征就出来了。墨色的漆盘放一片菱形的鲈鱼片，嫩白的鱼肉上斜摆两根纤细的紫菜，上边再点缀一朵金黄色小小的菊花。日本人真是不折不扣传承自己先人留下的美。那床棚处，依照传统方式，下角摆一个“清水烧”的陶瓶，瓶中插一朵饱满的唐棣花，再撇出几根风船葛，中间竖着一根轻柔的白荻。也人工，也自然。日本的插花是把精巧的人工和充满生机的大自然融成一体。床棚正面的板壁上，垂挂一幅书法，只一个“花”字，淡墨湿笔，字形松散，笔迹模糊，带着花的温情与清雅，也引起人对花的联想。中国艺术的“空白”以及佛教的顿悟——都叫日本人“拿来”了。

妻子同昭忽有所感，对我说：

“雨天里，在这种地方倒蛮有味道。”

町田智子好像被这话启发出什么来，眸子一亮，点点头。

我不禁扭头望望窗外。小小院落，木墙石地，都因雨水而颜色深重。一束青竹，高低参错，疏密有致，细雨淋上，

京都岚山周恩来诗碑前

沙沙作响。仔细听——雨打在竹叶上的声音轻，在叶子上积水而滴落的声音重。前者连绵不断，后者似有节奏，好像乐器在协奏。大自然是超时间的，它这声音把历史拉回到眼前，并把墙上书法的境界、瓶中插花的幽雅、桌上和式饭食独有的滋味，还有这说不出年龄的老店的历史感，融为一体，令我莫名地感动起来。我知道，是这列岛上积淀了千年文化的精灵感染了我……带着这感受饭后在老街上走一走，那沿街小楼黝黑而耗尽油水的墙板，那磨得又圆又光的井沿，那千百年被踏得发光的石板路面，以及一盏一盏亮起来、写着黑字的红灯笼……仿佛全都活了，焕发出古老的韵味，以及遥远又醇厚的诗意。这意味和气息是从历史升华出来的。只要你感受到它，过后你可能忘却这些旧街老巷名胜古迹的具体细节与来龙去脉，但会牢牢记住这种气息与滋味。

因为，文化不只是知识，它是人创造的精灵。

# 御影堂上的云影与涛声

鉴真和尚灵气犹在，对我这类炎黄后人分外厚待。朝发神户时，天阴甚浓，可是到了古都奈良，抬脚迈进了鉴真兴建的唐招提寺山门，在那苍松夹峙的石径上，与迎上来的该寺执事远藤证园合十行礼时，天破一隙，一缕阳光射下来，正落在我们的头顶，宛如镀金一般。这阳光还把古树的影子铺了满地。低头一看，我们就像站在一幅巨大的水墨画上。

一千二百年前，大唐高僧鉴真东渡沧海，奔往扶桑，带来了东方大陆的聪慧、智能、文化，以及天国的梦。这智慧与神思，恩泽了列岛上的生灵万物，丰饶了此一方生存天地，抚慰了岛国人特有的不宁的灵魂。然而，时光不住，岁月如驰，千载一扫而过。如今身到此地，举目四望，令人惊异的是：透过光怪陆离的现代生活，且不说来自中华的汉唐文明历历可见，这唐招提寺昔日的灵性亦依然如故。乍然看去，物皆灵透，通彻光明，使人精神为之一振。恍然间，眼前这一身皂袍净袜的执事似乎就是鉴真。超时空的幻觉真是美好无比。

脱落的竹叶好似精心地摆在石板地上，聚散有致；一株

堂内障壁画

御影堂

小小而红透了的枫树在竹林深处，远看似火；涂抹在粉墙上的图画，全是婆娑的树影；井边的石头无不给绿苔包上厚厚的绒样的一层；一根根竹槽首尾衔接，由远处引来清泉，穿过林间，细流潺潺注入井中。这水冷冽透亮，偶有三五花瓣，随水漂来，它们捎来了谁的信息？

珍存着鉴真雕像和日本当世绘画大师东山魁夷那四海闻名障壁画的御影堂，就在这一片风景里。

我想，那障壁画该有怎样精雅，才能与这美丽迷人的景色相配？

艺术家以作品引来世人对他的尊敬。我对东山先生的敬意，多半由于这御影堂的障壁画，还有他的几篇散文。来此之前，曾对邀请者日本国际交流基金会提出要求，造访东山魁夷先生。本来已有安排，临时先生身体不适，正像当年我在英国欲见雕塑大师亨利·摩尔，也是因为对方年事已高，以及一时的健康缘故而失之交臂。但这次接待者却告知，东山魁夷的夫人除了表示歉意之外，还请我到奈良去看唐招提寺御影堂的障壁画。于是，我对东山魁夷夫人也生出同样的敬意。但看其画，如见其人，这应是挽回遗憾的最好方式。然而她从哪里得知我一直向往着御影堂的壁画呢？

这样，便走进一座洁净古雅已入极致的庭院。此间的感觉，如同听到古筝悠然一响。一时尘埃落定，世虑皆无。此院平日禁绝游人，风物静止一如图画。正中一座深褐色木制大屋便是御影堂了。整座木屋为了防潮，用木腿高高架起，屋下的空间生出一层碧草，大屋似卧绿水之上。这般空灵幽静，其间居者，是避世的高人隐士，还是漫长深远的历史？

远藤证园执事拉开大堂正门。待我脱鞋一脚踏入，根本没有弄明白哪里是画在屏障上的障壁画，便如一头栽进大海里。随即瞧见，大海自右而来，铺天盖地，漫无际涯。它一出现就立刻卷起一道排天大浪，拥云卷雪，挟风带雨，直叫近处峰顶上苍松几欲摧折。大海的凶险与紧张赫然呈现。巨浪后边，深邃的远处，幽阒辽敻，又展示出海的渺茫与无情。没有富于浪漫意味的海鸟翱翔，也没有诗意般的闲云飘逸；在这冰冷的、轰响的、了无人迹的世界里，只有连接死亡的绝望。然而，这大海一浪推着一浪，征程漫漫，最终却抵达彼岸。面对滩头，一排急浪如同群马奔涌而上，另一片潮水耗尽激情退落下来；这节奏是日月合唱的拍节。我隐隐觉得这历经艰辛而抵达彼岸的并不是海浪，而是一个隐形的精神和无形的灵魂。他是谁？

远藤证园忽然上来，将这画满海水的屏障从中拉开，引我进入小小一间内室。随后他退出小室，拉上门，让我独享四壁的画。于是一片烟云笼罩的高山密林将我围在中间。从刚刚那奔腾的大海一下子置身于这仙境一般的深山大谷中，顿时万籁俱寂，了无声息，静得耳朵都在发响。我还感到一种山林的气味，清新凉湿，扑面而来。难道画里的景物能给人一种嗅觉上的通感？渐渐明白，原来是室外透入的草树气息和屋子木头散发出的清香……我独自凝视和感觉着壁上的画，足足有三十分钟。世界上只有我和一幅画——便是这次观画一种极其异样和美好的感受。

远藤证园真是懂得怎样让人去体验一件艺术品。好的欣赏方式往往通着艺术的生命内核。

太近距离地观看，就发现了这幅画在艺术上独具的价值。

日本的天平时代，绘画明显照抄中国。对中国画采取赤裸裸的“拿来主义”。直到雪舟，依然不过是马远、夏圭等中国北宗绘画在日本的翻版或复制。殆自贞观时代，日本人便立足于“以我为主”而对舶来的中国文化进行选择。从而，淡化了中国画以线条直抒情怀的用笔技术，强化了中国画用水墨营造空间和气氛的渲染手法。中国画家往往从自己的艺术标准出发，指责日本画“有墨无笔”。而日本人正是以这样的面貌确立了自身的位置。即境界空濛，景物模糊，形象含蓄，语言嗫嚅，作品与观者保持着广阔的联想距离。但尽管如此，无论中国画还是日本画，与西方绘画比较起来，最大的特征是：不刻意于具体的一事一物的立体化，而注重于画面整体的空间感。西方艺术是一种客观的立体观，东方艺术是一种主观的空间观。

从这《山云》和《海涛》看，日本画的渲染技术真是高超。几十平米巨幅壁画，通幅皆蓝，山林海涛翕然一色。渲染得博大空远，烟雾弥漫，透彻空明，而又浓浓淡淡，重重叠叠，层次清晰，那些烟云中的树影，不强调树的深浅，而表现云雾的厚薄。尤其使用这种矿物性颜色来晕染，色重

而不滞，色轻而不飘。一切状物抒情，尽在渲染之中，而且充满了“空气感”。渲染是日本画极重要的艺术手段，可以说，日本画的渲染技术超过了中国画。

中国画在宋代，多用绢素，晕染不露笔痕；元代以后，

←↑东山魁夷御影堂障壁画的两个局部

改用宣纸，纸的性能不同于绢，渲染的方法有了改变，着意于表露笔痕，以渲染中笔触的千变万化，作为无穷的绘画言语。然而日本画仍是源于“宋画”，注重营造空间气氛，渲染时消灭一切笔痕，画面迷离幻化，同时用笔的方式也融化到形象之中，这样就不易看出东山魁夷的染法了。从原作唯一能发现到的，是他采用淡色轻染，渲染的次数极多，惟其这样，才达到如此精美与浑厚。独坐其间，真能感到白云飞过时的窸窣之声。

那么，这旷远与灵动、超逸与庄严，到底意味着什么？从那充满危难的大海一直到达的崇山峻岭又是哪里？白云似答，含混不清；流瀑有声，幽远不明。我却分明感到，在此之间，非但寄寓着一种深意和情愫，还必有一段非凡的故事隐伏其中了。

当远藤证园再将正面的屏障拉开，展现出寝堂中那尊鉴真弟子忍基雕制的高僧鉴真像，以及鉴真故国故乡的风光，才把深藏在山云海涛背后那桩千古相传的故事唤醒——历经十二年，失败五次，樯倾楫摧，舟船翻覆，死掉三十六位同行伙伴，离去二百多位畏难而退的僧俗之众，行程千里而百折不回。大唐天宝十年十二月二十六日，当鉴真登上日本列岛时，他的双目早已被咸涩的海风吹瞎。他看不见身临的国度，却把中华文化送到这个信念的彼岸。这使我想到双耳失聪的贝多芬面对《第九交响曲》获得成功时神圣而辉煌的情景！人类最高尚的幸福乃是奉献者的成功。

我有意回到御影堂大厅，重新面对障壁上恢弘辽阔、庄严深远的海涛与山云。这时我不再感到身在大自然之中，而是在更博大的历史空间里。浪涛是激情，云烟是思绪。

那些历史的记忆全变成有声有色的历史画面；历史的认识全化为身临其境的历史感受。这壁画，绝不是一种陪衬，一种图像解释，或者一种表浅的美化与装饰。他画的全是山水，但它绝不是山水画。它不绝的涛声和飘动的云影，与鉴真雕像那一双满含慈爱与坚忍的盲眼，还有唐招提寺伟大的历史融为一体，然后升华出这再现历史精神与人类精神的巨制与杰作。东山魁夷为此画创作前后长达八年之久，如今它已经成为唐招提寺和御影堂极重要和密不可分的一部分。历史由于艺术而充满感染力，艺术由于历史而更具感染力。

# 平山郁夫的境界

平山郁夫是我最关注的具有世界性的日本画家。我对艺术家的评价向来十分“苛刻”，之所以使用“最关注”的词语，那就绝非指画面对我的吸引了。

尽管平山郁夫、东山魁夷和加山又造都是在当今日本画坛上并驾齐驱的大师，但比起加山又造的华美流畅、奇幻冷寂的装饰风格，比起东山魁夷的宁静隽永、空灵清远的文学境界，平山郁夫则有着更深长的人生况味和哲学思考。

每每翻开平山郁夫的画集，很像读一本哲人的书，必须用大脑咀嚼深藏在画中的那些意味。一幅画，不仅提供欣赏，也提供解读，这画才有更高的价值；画不仅要用眼睛看，还要用脑子看——这些都是东方的绘画观念。对于东方的画家来说，绘画有两个空间，一个是画面本身的空间，一个是画面与欣赏者共同形成的观赏空间。东方的画家更重视后一个空间，他们总把这空间的大部分“空”给你，不仅叫你看到的和他们一样多，也叫你想到的和他们一样多。一个好的画家，站在他每一幅画后边——你听得到他生命的呼吸，看得到他情绪涌动的光和影，触摸得到他灵魂的实体。你的精神穿过画面，一准能找到他。

所以，我在第一次见到平山郁夫时便说："我已经不止一次见过您了。"

他听了，惊愕地看了我一眼，我也不知道翻译是怎样把我的话译给他的。

这关系并不大。绘画不同于文学，绘画是不需要翻译的。

切莫把平山郁夫笔下的丝绸之路，看做一种异域的风情画，更不要把他看成"丝绸之路的画家"。他曾经数十次沿着这条看似早已死去千百年的东西文化通道走着，视野皆是荒沙腐木、乱石野丘，很难再寻到昔日道路的痕迹。只是偶尔会碰到一个几乎要从地面上失去的古城遗址，这样零落地被历史遗忘在地球上。

然而，平山郁夫很少描绘好山好水，娇花羞草。他喜欢独自沉思在这种具有"历史意义"的大地上。

他说："历史的长河实在源远流长。人类传宗接代地延续下来了，每个人都在为自己的一生竭力奋斗，一代代繁衍下去。我的生命是双亲给的，双亲之上还有双亲。人的一代按三十年计算，一直追溯到平安时代是三十代，计算一下与我的生命有关的该是多少人呢？三十的三十乘方是一百

与平山郁夫合影

零六亿人，相当于日本目前人口的十倍。托世世代代的福，才有我的生命，如果缺少其中一个生命，也就没有今天的我。假如你用这种态度看待人类，那就不分种族和肤色，归根到底，无论是什么文化也绝不是突然凭空产生的了。”

于是，他以这份赤诚与虔敬，踏上沟通东方与西方、世界与日本的文明之途。

然而他寻找着什么呢？

你看，昔日的楼兰如今竟如同沙海上的一条即将朽掉了的船；高昌故都几乎蜕变成史前的一堆砂石；波斯黄堂的遗址多么像外星人丢弃在地球上的一盘残棋？伊朗高原，禽鸟亦少，哪里还能寻觅到去之久远的人喧、犬吠、马嘶和驼铃？

平山郁夫默然站在这无人能识的荒寂的古道上。

“我一站在那里，就会感到幻梦似的古代大气在颤动。”他说。

他用足跟敲打地面，询问着这历史大地下埋藏的遥远的“物语”；以思索的目光从透明的空气里，识认出流散了的古老的画面；侧耳向山壁上倾听着茫茫岁月的回响……于是，他给我们描绘的画面，一概是静穆、单纯、旷远、模糊，一种漫长的时间感和凝固的历史感，一种人类源头的意象，一种褪了色却依然浓重的远古图景……他的画，从无灵巧的情趣、世间的感触、生活的苦乐，以及来自技术试验的绘画目的。那么他的画是一本本溶解在画面上的历史专著么？也许吧！反正站在他的画前，透过那种闪动的光影、宁静的空气和沉默而如梦的意象，你分明能感到画家在和历史的精灵对话。

谁说历史是堆积着死去的生活？

历史是一条澎湃不已的时间江河，在一代代人精神浪花的淘洗下，终于淘出金子一般人类伟大的灵魂。这灵魂就是人类的文化精神。

找到这精神，才找到艺术生命的根本。

丝绸古道告诉平山郁夫什么？

人类是一个整体。

人类靠交流而生存。

文化是这一真理的结果。丝绸之路是这一真理的见证。

这样，我们再去看他的画——

《日本列岛诞生图》蒸腾上升的元气，《高高照耀的藤原京大殿》夺目而永在的辉煌，《佛教传来》美丽又祥瑞的灵光，《往沙漠去》的艰辛坚忍和《丝绸之路的天空》的浩大顽强……都使我们感到，平山郁夫画中最动人、最深厚、最优美的内涵，是他透过沉重的大地和逝去的时光，找回人

类的灵魂。

人类往往在现实中迷失自己，在历史中找回自己。这便是历史的意义，也是他绘画的意义。

我读平山郁夫的自传《在历史的长河中》，被其中一段文字所震动。他是广岛原子弹爆炸的受难者，但战后二十年内，他避开各种回到广岛的机会，并一直没有画过广岛核爆炸题材的绘画——这件事之所以打动我，是因为我这个“文革”的受难者，至今也没有动笔写自己亲身经历的那段灾难的历程。不是不想动笔，而是担心自己承受不了。1979年我写过《啊！》之后，病了将近四年。我去过广岛，在“广岛和平纪念资料馆”里目睹过人类这场空前灾难的酷烈景象。我还知道原子射线曾经多年折磨着平山郁夫的身体。我敢肯定，在他心中有着一片永难抹去的核废墟的阴影。对于艺术家来说，内心太深刻的创痛是惧怕表达、也难于表达的……后来，我终于看到他所画的《广岛变生图》。整幅画铺满了漫天大火，下边是正在燃烧的广岛远景。这

《和平丝路上的月亮》 1982年 平山郁夫

是多么强烈残酷的图景，任何一个生物放进去，立即就要毁灭！但画面左上角的熊熊火焰中，站立着佛教中的“不动明王”。他横眉怒目，岿然不动，似乎呼叫着受难的人民——活下去！

平山郁夫说，他作这幅画，是因为看到了今日美丽繁华而生机勃勃的广岛，受了感动，心中沉积的苦痛得到升华，是人类顽强不息的生存意志而不是一己悲欢，成了他这幅画的创作冲动的由来。

我想——是的，这就是平山郁夫。

他苦苦寻求的不正是人类存在的答案吗？这答案曾经在丝绸之路上，在玄奘取经的征途和鉴真东渡的航程中，如今在广岛，也在世界任何一个地方。

谁能发现，谁在寻找，为了谁？

我结识平山郁夫是在东京艺术大学两位教授铃木治平和平松保城的“退官纪念展”上。退官是退休。依照东京艺术大学的规矩，一位教授辛苦一生，告老还乡时，要为他举行庆祝会，同时还为他们举办一次总结性画展。参观者有同行同道，亦有受业多年的弟子们，场面甚是隆重。在庆祝会上，平山郁夫作为院长来讲话，他刚刚接受日本最高的文化奖“天皇文化赏”，却不露喜悦，在会场上端着斟满清酒的方形漆杯，与各位熟悉或陌生的宾客交谈。我初次与他相见，自然先是客气地致意。他说，一会儿要在他的办公室与我谈话。

按照日本国际文化交流基金会的安排，我们会面的时间为二十分钟。我不想用空洞的寒暄消耗掉这难得的一见，待走进他又大又空的办公室，坐下来，赠了书和画集，开口便说："我非常关注您在筹集基金，对敦煌进行大规模保护性修缮，能告诉我您为什么这样做吗？"

其实，我已经明白他的想法。但我还要听他亲口说。为了一种印证，也为了再认识。

我的问题似乎正问到他的兴奋点上。他几乎是接着我的话开口便滔滔不绝："人类历史上创造了三种文化：一是希腊罗马文化，距今已有两千五百年，它是后来欧洲文明的源泉。二是中国文化，汉代文化距今就有两千多年，唐代又融合了域外文化，建立了自己的文化体系。日本就是受了中国汉唐文化的影响，才创造出自己的文化。这两种是固定的文化。还有一种文化是移动的文化，处在东西方之间，同时接受着东西方两种文化，这便是中东的文化。今天的世界就是来源或依靠着这三种文化。这三种文化构成了人类文明的基础，但是……"他的声调忽然坠落下来，"本世纪的战争对这些文化不断地破坏。人类缺乏'人类的精神'，自相残害。我是原子弹受害者，原子弹爆炸时，我离爆炸中心2.5公里，侥幸活命，却害了十年的原子病。我亲身经历那场巨大灾难，一直担心整个人类会被原子弹毁灭。人们害怕原子弹。如果万一有一个政府控制不好，动用了原子弹，地球不就毁灭了，人类不也就毁灭了吗？……"

"人类到了自我拯救的时代。否则将来的人会认为我们这一代人愚蠢。因为他们的祖先差点使人类绝种。"我说。

我的观点与他的观点重合了。他兴奋地扬了扬眉毛，本来发红的面孔颜色更重。可是他的神情很快又落入忧虑重重中。他说："我们不仅为明天担忧，还要从今天做起，我正筹建一个组织，叫做'人类文化遗产基金会'。"

《北京之春》 1978年　平山郁夫

“这是怎样一个组织？”我插话问。我头一次听到这名称，但一听就充满兴趣。因为我对“文化的人类性”这一命题早就开始关注了。

“这是一种文化的红十字会机构。就是要在世界范围内，对被破坏或正在损坏的重大文化遗产进行保护。我到各国去，到处发表演说，劝他们的政府出资保护这些属于全人类的文化遗产。我这个机构还要在世界各地包括在日本募集资金，来做这些事。我要做的头三件事是：第一，把中国的敦煌保护起来；第二，支持柬埔寨修复被破坏的吴哥古庙；第三，帮助修缮海湾战争中被美国飞机炸坏的中东文化古迹……这些都是人类共有的财富，地球人类是一个整体，这些文化是全人类的光荣。我要这样一件一件做下去……”

《建立金刚心愿》 1963年　平山郁夫

他说话时像在发誓。

我被他的精神点燃起来，全身发烫。我说：

“我们不仅要站在今天看过去，还要站在明天看现在。现在您做的这些事，都是为了明天做的。保护历史是最好地面对未来。人活着最有意义的事就是为了后代。”

这个话题包含得太多，说起来便无尽无休。听着他开展抢救“人类文化遗产”的宏大构想，目光无意碰到他远远的大书案上摆着的一个很小的地球仪。刚才还不明白这个办公室里为什么空荡荡，只有这个小小的地球模型。现在才懂得地球在他心里是怎样的沉重。

世上最沉重的是责任。责任是无法摒弃又是最累人的。最大的责任是把人类的事自动地扛在自己的肩上。这人类的责任从不托付给任何人，只有那些富于良知又博大的人引为己任。

这样的艺术家才称得上人类的艺术家。

他的秘书已是第三次催促，又有拜访者在门外等候多时。我们的话题好像是时间的加速器，不知不觉已经超过约会时间的两倍。我是怀着深深的感动与他告别的。只有深刻的理解才可能有深刻的感动。

自此后，再见他的画，与先前的感受更有不同。境界似乎更加阔大，意涵也愈加深远了。我想他之所以这样深挚地关怀着人类的文化，是因为他爱恋和坚信蕴藏在这文化中宝贵的人类的精神。这精神使人类从无到有，从荒芜到繁荣，从无数苦痛与危难中穿过而一直走到今天。人类要永存不灭，便要抓住这精神，反复温习，激励自己。也许为此，他才对唐僧玄奘西天取经的事迹抱有那么强烈的兴趣，并要把它画在奈良药师寺三藏院的墙壁上。

为此我也曾往奈良的药师寺拜观于1991年新建的玄奘三藏院。面对着这优美庄重、青瓦朱柱的重檐八角堂，我想，三藏取经的那条艰辛的路，不就是平山郁夫几十次反反复复、断断续续走过的丝绸古道吗？探求人生真谛的路从来是这样漫长寂寞的，谁与他为伴？

他说："我并不是只去画玄奘三藏一个人的故事。我肯定玄奘是在其坚忍不拔的意志和使命感的支配下，才完成他的征程……我本人曾几十次去试探着走那条路，总好像有一股无形的力量支持着我。所以我要把玄奘三藏的事迹传播下去。"

这幅长达二十余米巨型的壁画《大唐西域记》，他计划要在1999年12月31日晚11时59分——20世纪内完成。他要以这庄严的行为把人类的精神贯穿到世纪的终了。

他是为了表示本世纪人类将把这精神坚持到底，还是要启示下世纪的人们接过这人类的精神火炬辉煌地走下去？他是个现实主义者，还是个理想主义者？

记得九十年代初，我从新华社的消息中得知平山郁夫先生到达敦煌，开始了历史上第一次对这光华灿烂的人类艺术宝库进行大规模的修缮。他实践着自己的理想。

理想是一种伟大的精神，更伟大的则是实践这理想的行动。我将更关注这个画家的作品，以及他背负着人类使命而迈出的每一步。

# 在大阪市立美术馆内的断想

## 一　何故又重逢？

一阵急雨把我逼进大阪市立美术馆内，来不及看看这座因庋藏中国古代艺术品而驰名于世的美术馆的外貌。但一晃之间，隔过飘飞的丝丝雨幕，看见“日本·中国的美术常设展”的展牌，就足以使我激动了。

春天里，我为《三寸金莲》英译本的出版，在美国一些大学演讲。途经堪萨斯州时，听说那里的美术馆也因收藏中国文物甚富而闻名美洲。前去买了票进门一看，大脑里出现一个巨大的惊叹号。且不说展出的中国历代名画上溯到南宋的夏圭，单说新石器时代的彩陶和北魏的石造像，数量之浩大、品质之精美，在国内各大博物馆也从未见过！我在那间展示北魏造像宽阔的展厅里，徘徊于凿刻在巨石上种种神情怪异的佛像之间，一双双眯缝而莫解的双眼透过漫长的历史烟尘静静地望着我，使我脑袋里除去那个惊叹号还装满神奇的想象，这感受至今难忘。整个看展览期间我只情不自禁反反复复说一句：“妈的，美国佬！”

当我听说大阪市立美术馆的中国文物一样的庞大精美，

便由京都急匆匆赶来。转天我就要途经大阪新开张的关西机场回国了。

我不想重复描述脑袋里再度出现惊叹号时的感受——老实说，这感受还有些不好受。我只想说，许多原以为藏在国内的中国名画，竟在这里出现！比如唐代王维的《伏生授经图》，五代李成的《读碑窠石图》，宋代燕文贵的《江山楼阁图》，元代郑思肖的《墨兰图》、龚开的《瘦马图》和赵孟頫的《斗茶图》。这些画常常出现于国内书刊上，谁知它们竟客寓大阪？

李成的《读碑窠石图》曾于40年代刊载在《故宫周刊》上，肯定原为故宫所藏，何时何故东渡扶桑的？

李成是唐宋之间承先启后的一代巨匠，被后世奉为“百代楷模”。他所创造的云头窠石和蟹爪树，瘦硬清冷，其境寒远，宋代的大画家郭熙、王诜、许道宁等都是他的传承者。《读碑窠石图》应属他的典型之作。李成为人个性极强，珍视自己的作品，拒绝显贵们的索求，所以传世的画作非常少。宋代米芾说他见到的三百件李成的作品，只有两件真迹，余皆伪品。画史上甚至还有一种“无李论”的说法，认

博物馆正门

为历史并无此人。由宋至今，时近千载，大阪市立美术馆所拥有的《读碑窠石图》已是绝无仅有的李成的画作，堪为中国的国宝了。

另一幅《墨兰图》的作者郑思肖是宋末元初的遗民画家。他因忠诚国家，拒绝与元朝合作，为历代文人景仰。他曾有诗云："纵使圣明过尧舜，毕竟不是真父母。千语万语只一语，还我大宋旧疆土！"其悲壮之情颇为感人。他的画也多做此隐喻。他善画兰，历来传说有二，一说他画兰故意露根在外，以示国土沦丧，无根可扎；二说他根本不画根，暗喻自己在元朝土地上无根可生。这幅《墨兰图》是"无根兰"之说的铁证。此画作于元代大德丙午年（1306），此时宋朝亡后已然三十余年，可见他故国之情，依恋悠长。这样的中国名画中的罕世精华，又是何时何故，经何人之手而流落此地的呢？

据说大阪市立美术馆所藏中国书画，主要来自收藏家阿部房次郎。这位阿部房次郎是东洋纺织株式会社的社长，对中国的艺术酷爱近痴。他请来的内藤湖南和长展雨山二位中国书画的鉴赏家做顾问，帮助他辨识真伪，摘取精华。搜集的中国历代书画杰作达一百六十幅。我查过阿部房次郎的生卒——他生于1868年，卒于1937年。那么他的收藏品肯定不是来源于日本侵华时掠去的文物，而多是在本世纪初收集的。辛亥革命前后，中国社会长期混乱，文物精华不被国人珍视而四处流散。海外的一些有识者趁机弄去，美国及欧洲各处博物馆所拥有的中国文物，大多得益于这一时期，使我惊讶的倒是数量如此巨大，品质如此精湛！怎样一车车载运又一船船航运，搬到他们各自的家中？

一尊东魏的交脚菩萨像正面对着我，曲眉弯目，似含讥笑，嘲讽我这炎黄后人不爱家珍，致使他流落异乡……我们还不该做些反省么？

中国历史数千年，文化艺术光辉灿烂，举世皆知。然而在破坏自己文化方面，我们不也是“头一流”的吗？缘故何在？在于我们既有文化，亦无文化。有文化，是指五千年的创造与积淀；无文化，是指很少文化意识。对自己身边的文化视而不见，任其损坏和消亡！请问每个国人家中有多少五千年文化的影子？我们多像一个家道败落的贵族后裔，房子成了空壳，徒具一个豪门气派，还在自豪、自恋、自我陶醉，而真正具有价值的文化却在自生自灭。苛刻地说，这是中国文化史的一个侧面。倒是西方人和日本人更有文化意识。在中国人无视自己的文化之时，中国文化被他们搜珍猎奇搬走了，而且当做伟大的东方文明的见证物，恭恭敬敬陈放在博物馆中，并精心保护。我看着，心情极复杂，自怨、妒忌、气愤，也为这些文化珍品的幸存感到庆幸。如果这些宝物一直在国内，可能早被革命的大扫帚扫进“历史的垃圾箱”了。我将我这矛盾心情告诉一位朋友。这位朋友笑道：

“中国的文物放在哪里也是中国的。再说，人类的文化应该属于全人类。”

我听了觉得有理。刚要点头，却又想到，我们永远这样阿Q式地自寻安慰吗？

## 二 泾渭何时才分明？

身在大阪市立美术馆内，面对中国与日本的古代艺术，那感觉好似站在没有界标的国境线上，不知哪是哪国。一样的草木、土石和溪流，何以区分？

如果把展品中日本平安后期的《神护寺经》与中国南宋吴说的《伏生授经图跋文》并放一起，把日本奈良时代的铜像立佛与中国隋朝开皇六年的石雕佛像并放一起，把日本江户时期久隅寺的内景与中国明代徐渭笔下的水墨坡石并放一起，它们何其相似！如果再看看那些陶器与漆器，不是专家一定会混淆。由此可以看出古代日本曾经怎样生吞活剥中华文化，同时不能不敬佩他们模仿到如此“神似”的能力。这种模仿力显示了一种崇拜，一种虔敬，一种认真又执意的学习精神。

单就佛教艺术而言，中国虽自东汉即已传入，勃兴时代却是魏晋南北朝时期，大规模制造佛像。然而中国早期（主要指北魏）的造像带有本土的道教的意味，而且由于人们对异教传来的佛教充满神秘感，佛像面孔多是窄脸细目，长脖瘦身，表情冷峻而奇异。在形式上也没有褪尽外来色彩，衣纹叠折稠密，俗称“排线”，为印度的犍陀罗式和笈多式。但这时日本尚未大举学习中国佛教，来自北魏的影响就很小。直到飞鸟时代，日本举国信奉佛教，中国已是唐朝。唐朝是中国的盛世，社会生活具有极大魅力，佛像的造型便趋向世俗化。衣纹采用写实手法，与现代生活中人的服装没有区别了。特别是佛像的表情也俗人化，喜怒哀乐，一如真人。当时日本不断派遣工匠艺人入唐学习造像；鉴真渡海赴日，不仅带去大量佛像，随行弟子也有造像高手，故日本佛像多是唐代风格。难怪中国人常常会把日本佛像错当做华夏古物。只是日本少石多木，佛像极少石雕，除去铜铸，多为木刻。

日本的传统绘画（也称日本画）受到中国更深的影响。一样的工具，纸笔墨砚，包括绢素与颜料；一样的装裱样式，无论条幅手卷，还是通景；一样的格式，以至题跋与印鉴；一样的题材分类，比如花鸟、山水、佛像与人物仕女；更重要的是一样的用笔、用墨、构图、透视乃至情趣。日本画一直没走出中国画的圈子。

但是，我在大阪市立美术馆内分开陈列的中国与日本的艺术之间，反反复复进行比较。开始时觉得日本艺术只是中国的仿制品，进而感到日本好似中国艺术的一种不舒服的变种。待我撇开“中国人的视角”，从日本的民族精神加以认识，渐渐发现中日艺术貌合神离，全然是两种不同的艺术和文化。这一认识过程给我一种发现的快感。

这里所藏日本名画以室町、桃山和江户时代为多，相当于中国的明清时代。

中国明代的画坛为两大潮流所覆盖。一是承继宋代遗风的院体绘画，忠实于现实物象，讲求功力、严谨的写实风格，这一潮流不仅拥有戴进、吴小仙、张平山、吕纪等名家，居于画坛首席的“明四家”中的仇英与唐寅，也是这一潮流的中坚。另一潮流是文人画，强调个性抒发，不拘形似，讲究笔情墨趣，多为写意画法，代表人物则是沈周、文徵明、董其昌等大师巨匠。这两股潮流到了明末清初，前一股平歇下来，后一股弥漫中华画坛，几乎一律是一任性情的水墨。在大阪市立美术馆中国绘画展室中，这一历史过程被展现得异常鲜明。明清大家们都有作品被网罗到这里，而且都是一流之作。林良和吕纪花鸟的“大气象”，董其昌和陈继儒的温文尔雅，高凤瀚和李鳝的清新快意……使我在异国沐浴到一次中华文化迷人的春雨秋光。

有趣的是，日本画在这一时代亦是如此。一方面是一如明代院体画严谨精整的画风，一方面也是抒发心头灵性与笔墨情趣的文人画。但沉下心往里一瞧，分明是地道的日本货了。

比如桃山时代狩野宗秀（1551—1601）的《四季花鸟图》，是画在泥金屏风上通景形式的工笔重彩花鸟画。方法和技法无疑都是从中国院体画那里直接搬过来的，但水边的竹笆——这种生活内容却是日本的。此外画中用来表达秋意的红叶，也是日本人所钟爱的秋之象征。倘若再看惟杏赞的《丰臣秀吉像》、葛饰北斋的《退潮捕鱼图》、矶田湖龙斋的《美人图》这些描绘日本人生活的图画，谁能说是中国画？中国人用油画技术描写中国生活的作品能称作西洋画吗？

更鲜明的日本画，应该是那些不单表现日本生活而更注重表达日本精神的绘画。

突出之作是室町时代佛后柏原卿内侍画的《新藏人物语绘卷》和江户时代白隐的精品《过桥图》。这两幅都是水墨写意画，用笔洒脱，墨色明快，题款用日文，而且已经不依照中国画题跋的格式了，造型全部融入天真烂漫的意味。日本人崇尚自然，即大自然的和谐与天成。尤其《过桥图》，是幅禅图。几个僧侣在过山谷绝壁间的独木桥，寥寥数笔，人物俯仰坐卧，一任自然，好似枝上的鸟儿或线谱上的音符，轻快生动，险境无险，意味无穷。且不多谈画中的禅意，单从笔墨形式上看，日本人已经摆脱开来自中国的格式，用笔用墨不讲求功力，更注重天趣与自然。日本的书法也是如此。这种把自然作为最高的审美追求和审美境界，已是不折不扣的日本的艺术了。

我听到过一些中国书画家指责日本书画“没有线条”和“不讲笔墨”，显然他们错把日本画当做中国画来要求，完全不懂日本人自己的艺术精神。这是一种根由于无知的误解。

一旦我们看出日本人的自然观与艺术观，中日艺术便如同泾渭一样清晰地分开。一条载着灿烂的阳光，一条披着银样的月光，走向各自的理想国。我刚刚走进大阪市立美术馆，面对日本与中国的艺术，好似站在河流的交汇处，一样的光和影，一样的波腾浪滚，混沌不清，心头迷茫。现在——好了，大河分流，分道扬镳，窅然远去了。

图书在版编目（CIP）数据

离我太远了 / 冯骥才著．— 北京：文化艺术出版社，2013.10

ISBN 978-7-5039-5684-3

Ⅰ．①离… Ⅱ．①冯… Ⅲ．①游记-作品集-中国-当代 Ⅳ．①I267.4

中国版本图书馆CIP数据核字(2013)第233277号

离我太远了

著　　者　冯骥才
责任编辑　沈　梅
装帧设计　顾　紫
出版发行　文化艺术出版社
地　　址　北京市东城区东四八条52号（100700）
网　　址　www.whyscbs.com
电子邮箱　whysbooks@263.net
电　　话　（010）84057666（总编室）　84057667（办公室）
　　　　　84057691—84057699（发行部）
传　　真　（010）84057660（总编室）　84057670（办公室）
　　　　　84057690（发行部）
经　　销　新华书店
印　　刷　北京圣彩虹制版印刷技术有限公司
版　　次　2013年11月第1版
印　　次　2013年11月第1次印刷
开　　本　710毫米×1000毫米　1/16
印　　张　14
字　　数　90千字
书　　号　ISBN 978-7-5039-5684-3
定　　价　48.00 元

---